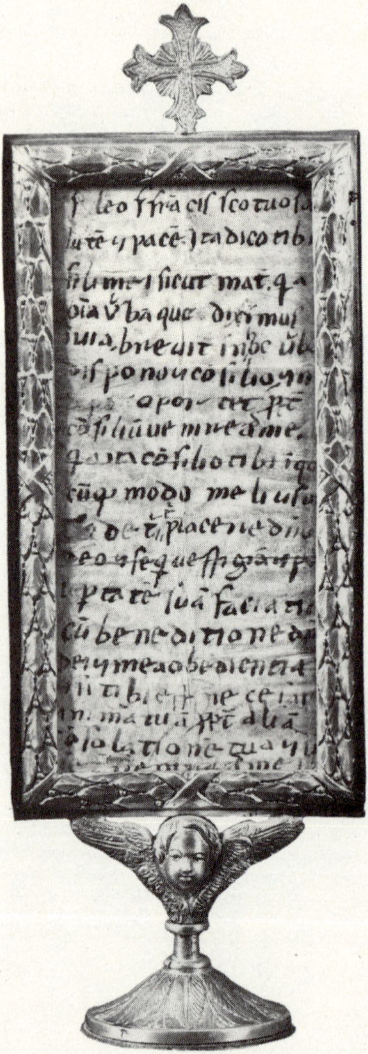

Franz von Assisi

dargestellt von Veit-Jakobus Dieterich

Rowohlt

rowohlts monographien begründet von Kurt Kusenberg
herausgegeben von Wolfgang Müller

Redaktionsassistenz: Katrin Finkemeier
Umschlaggestaltung: Walter Hellmann
Vorderseite: Franz von Assisi (Ausschnitt). Fresko von Cimabue, um 1280.
Assisi, Unterkirche von S. Francesco, Kreuzgang
Rückseite: Der hl. Franziskus predigt den Vögeln. Fresko, um 1240.
Assisi, Unterkirche von S. Francesco
(Beide Vorlagen: Toni Schneiders, Lindau)
Frontispiz: Brief des hl. Franziskus an den
Bruder Leo. Etwa 1224. Spoleto, Dom

Dieser Band ersetzt die 1958 erschienene Monographie
über Franz von Assisi von Ivan Gobry

Originalausgabe
Veröffentlicht im Rowohlt Taschenbuch Verlag GmbH
Reinbek bei Hamburg, Januar 1995

Satz Times PostScript Linotype Library, Quark XPress 3.3
Gesamtherstellung Clausen & Bosse, Leck
Printed in Germany
1290-ISBN 3 499 50542 8

Inhalt

«Franziskaner»-Puppen in einer Schaufensterauslage in Assisi

Ansichten vom heiligen Franziskus: Bilder und Berichte

Gemälde

Franziskus hat Hochkonjunktur: bei den Händlern, die in Assisi Spielzeugpuppen, Salzstreuer und Spardosen in der Gestalt eines Franziskanermönchs feilbieten, aber auch bei den Kritikern des Kapitalismus. Bei kirchentreuen Katholiken und liberalen Protestanten, bei den Umwelt- und Friedensbewegten wie bei denen, die sich um den Moral-, Werte- und Glaubensverfall sorgen. Wer aber war dieser Mann, auf den sich so viele berufen? Läßt sich entscheiden, wer ihn mit Recht als seinen Ahnherrn nennt und wer nicht? Kann man ein wahrheitsgetreues Porträt von Franziskus entwerfen? Fragen wir zuerst nach seiner äußeren Erscheinung und dann nach seiner Persönlichkeit.

Seine Gebeine wurden wissenschaftlich untersucht. Das Ergebnis: Der Mann war klein, zart und unterernährt als Folge seiner asketischen Lebensweise.

Sein erster Biograph, Tommaso da Celano (1190–1255), zeichnet ihn als unscheinbare und doch beeindruckende Gestalt: «Er war ein außerordentlich redegewandter Mann mit fröhlichem Antlitz und gütigem Gesichtsausdruck […]. Von nicht sonderlich großer Gestalt, eher klein als groß, hatte er einen nicht sonderlich großen, runden Kopf, ein etwas längliches und gedehntes Gesicht, eine ebene und niedrige Stirne, nicht sonderlich große, schwarze, unverdorbene Augen, dunkles Haar, gerade Augenbrauen, eine gleichmäßige, feine und gerade Nase, aufwärts gerichtete, aber kleine Ohren, flache Schläfen, eine gewinnende, feurige und scharfe Sprache, eine mächtige, liebliche, klare und wohlklingende Stimme, dichte, gleichmäßige und weiße Zähne, schmale und zarte Lippen, einen schwarzen, nicht vollen Bart, einen schlanken Hals, gerade Schultern, kurze Arme, zarte Hände, lange Finger, etwas vorstehende Nägel, dünne Beine, sehr kleine Füße, eine zarte Haut, war sehr mager, trug ein rauhes Gewand, gönnte sich nur sehr kurzen Schlaf, besaß eine überaus freigebige Hand.»[1]

Ein Zeitgenosse, der Priester Thomas von Spalato (Split), dem Heili-

Franziskus von Assisi, Werk eines unbekannten Sieneser Künstlers, etwa 50 Jahre nach dem Tod des Heiligen entstanden

gen weniger wohlgesonnen als Celano, kanzelt sein äußeres Erscheinungsbild kurz und bündig ab: «Die Kleidung war ärmlich, die Person verachtenswert, das Gesicht häßlich.»[2] Der mächtige, von 1198 bis 1216 amtierende Papst Innozenz III. urteilt mit wegwerfender Handbewegung: «[…] ein nicht sonderlich großer und unansehnlicher Mann»[3]. Und wenn man einem Biographen trauen darf, schätzte sich Franziskus selbst ähnlich ein. Als er in einem Traumgesicht eine Henne sieht, folgert er: «Die Henne […], das bin ich, klein an Gestalt und schwarz von Natur.»[4]

Eine Klarissin fällt vor dem heiligen Franziskus auf die Knie. Miniatur der Klarissin Sibilla von Bondorf. Zwischen 1460 und 1478. London, British Museum

Unzählige Male wurde er im Bild festgehalten, doch haben wir von ihm nicht ein einziges authentisches Porträt. Die Darstellungen des Heiligen drücken vielmehr bestimmte Vorstellungen über ihn aus, sie erhielten ihre Gestalt in den Köpfen der Interpreten.

In der Malerei haben sich zwei grundverschiedene, ja sogar widersprüchliche Darstellungstypen für Franziskus herausgebildet. Die eine zeigt Franziskus frontal in feierlicher, ernster Haltung, streng gekleidet, mit Tonsur; sie porträtiert den Heiligen als kirchentreuen Katholiken. Die andere zeichnet einen unbeschwerten, jugendlichen, beinahe «nai-

Die älteste erhaltene Darstellung des Franziskus (Ausschnitt). Fresko. Subiaco, Sacro Speco

ven» Franziskus; sie stellt einen Menschen dar, der sich durch alle irdischen Verhältnisse nicht beschweren läßt.

Die interessanteste und zugleich älteste Darstellung zeigt zwei ähnlich gegensätzliche Charaktere in einem Bild vereint. Der Ausdruck der beiden dargestellten Gesichtshälften ist unterschiedlich, ja gegensätzlich, als seien hier zwei Menschen zu einer Person verschmolzen, ein lebensfroher, glücklicher mit einem ernsten, leidenden. Wenn auch diese Darstellung nicht als authentisches Porträt anzusehen ist, hat sie doch die Wesenszüge des Heiligen besser erfaßt, als dies eine lebensechte Abbildung erreichen könnte.

Dieses Porträt zeigt Franziskus als einen typischen Vertreter seiner Zeit, als Menschen an einer geistesgeschichtlichen Wende, welche die bildende Kunst sichtbar macht. Während vor dem Jahr 1200 in der Malerei die Darstellung des leidenden Christus dominierte, beginnt nun die Charakterisierung einer lebensfrohen Herrscherpersönlichkeit eine immer wichtigere Rolle zu spielen. Franziskus nimmt an beiden Richtungen teil, er ist eine «gespaltene» Person, die beides, Leid und Freude, bis an die Grenze des Menschenmöglichen auslebt, die den Blick zugleich nach vorne und zurück wendet, die in die Vergangenheit, ins Mittelalter, weist und in eine Zukunft, in welcher Friede zwischen Gott, Mensch und Natur herrscht.

Interpretationen

Ist schon bei der äußerlichen Beschreibung des Heiligen Vorsicht angesagt, so mehr noch bei den unterschiedlichen Darstellungen seiner Persönlichkeit, den inneren Bildern von Franziskus. Dieses spiegeln in noch stärkerem Maße als die gemalten Porträts die Auffassungen der jeweiligen Biographen.

Für das Mittelalter war Franziskus der Heilige schlechthin, entrückt und volksnah in einem. Über keinen anderen kursierte eine solche Menge von Legenden, kein anderer zog die Massen so stark an: Assisi stieg, nach Rom, zum wichtigsten Wallfahrtsort auf. Die Kirche sah in ihm in erster Linie den frommen Katholiken, seiner Kirche treu ergeben. Das Spätmittelalter aber begann, am Glorienschein des Heiligen zu kratzen. In der Literatur fand die satirische Darstellung des dummen, dreisten Bettelmönchs Verbreitung. Dies warf einen Schatten auch auf den Gründer des Franziskanerordens. Die Aufklärung nahm Franziskus vollends den Heiligenschein, stieß sich insbesondere an seiner Stigmatisierung, erklärte sie kurzerhand zum raffinierten Betrug und Franziskus zum religiösen Spinner. Der Göttinger Historiker Ludwig Spittler etwa stellte fest, Franz sei im Kopf nicht ganz normal gewesen.[5]

In der Romantik, die Glauben, Übernatürliches und Geschichte gegen die nüchterne Aufklärung verteidigte, erfuhr die Franziskus-Verehrung eine neue Blüte. Er galt als der poetischste Heilige, als «Bruder Immerfroh», als ekstatischer Troubadour Gottes, der sich um Institutionen wenig, um so mehr aber um die innere Verbundenheit mit dem Höchsten, mit der Natur und den Menschen kümmerte. Dann berief sich die christlich-soziale Bewegung, die zwischen 1848 und 1914 angesichts der Not der Arbeiter soziale Reformen befürwortete, auf ihn. Ein italienisches Buch, welches das Verhältnis des Heiligen zur Arbeiterfrage darlegte, erlebte ein gutes Dutzend Auflagen und wurde in mehrere Sprachen, darunter auch ins Deutsche, übersetzt.[6]

Assisi ist bis heute die Stadt des Franziskus. Der Heilige begegnet den Besuchern überall

In der zweiten Hälfte des vorigen Jahrhunderts entdeckten ihn die Protestanten. Sie sahen in Franz ein religiöses Genie, das unter Berufung auf das Evangelium gegen die Erstarrung der kirchlichen Tradition revoltiert hatte, und verstanden ihn so als einen Vorläufer der eigenen reformatorischen Tradition.[7] Die katholische Kirche entdeckte Franziskus wieder neu als Urtyp eines Heiligen.[8] Im Jahr 1939, in den Tagen des «Duce», erhob ihn Pius XII., Papst von 1939 bis 1958, zum Schutzpatron Italiens.

Um die Jahrhundertwende setzte sich eine sentimentale Franziskus-Interpretation durch, die bis in unsere Zeit herüberreicht und sich in prächtigen Beschreibungen der sanften Herzensgüte des Heiligen[9] oder der idyllischen Gegend, in der er lebte, niederschlug: «Dort, wo die Luft rein weht [...]; dort, wo die Sonne ein Gott ist der lacht [...]; dort, wo das ganze Land weiter nichts ist als ein unschuldiger Jubel für einen geahnten Schöpfer [...].»[10] Auf der anderen Seite wurde Franziskus mehr und mehr zum Gegenstand der gelehrten, wissenschaftlichen Arbeit, welche sich um ein historisches und «sachliches» Franziskus-Bild bemüht.[11]

Und heute? Die Interpretationen sind zahlreich wie nie, doch interessengeleitet wie eh und je.

Ist es angesichts der Vielfalt der Franziskus-Interpretationen überhaupt möglich, ein authentisches Bild seiner Person und seines Wirkens zu zeichnen? Ein objektives, vom Zeichner und Betrachter losgelöstes Porträt wird sicher nicht gelingen. Auch die vorliegende Darstellung hat ihre Voraussetzungen, die offengelegt werden müssen. Zwei der wichtigsten Sichtweisen, unter denen die Geschichte des Heiligen und seines Ordens im folgenden betrachtet werden sollen, sind die politische und die psychologische, wobei die theologische Auslegung seines Denkens als Selbstverständlichkeit vorausgesetzt wird.

Die politische Interpretation hat es heute nicht leicht. Anfang der fünfziger Jahre verglich der Linkskatholik Walter Dirks Franz von Assisi mit Karl Marx (1818–1883) und stellte bei beiden große Gemeinsamkeiten in der Analyse der Probleme, aber Unterschiede bei den Lösungsvorschlägen fest. Franziskus wollte nach Dirks Eigentumsverzicht, Marx den Klassenkampf.[12] In der ehemaligen DDR unternahm Gerd Wendelborn in den siebziger Jahren den Versuch, Franziskus in die Geschichte der Armutsbewegung einzureihen und damit sein gesellschaftskritisches Potential wiederzubeleben.[13] Auf der westlichen Seite bekämpfte der Franziskanerpater Heribert Roggen in den sechziger Jahren solche Anschauungen entschieden und betonte die unpolitische, religiöse Haltung von Franz, der «immer rein religiös ausgerichtet» war, sich nur «um die Seelen» sorgte und keinesfalls daranging, «die damalige Gesellschaftsstruktur zu ändern».[14] Eine solche Entpolitisierung des Lebens und Wirkens von Franziskus ist heute, wenn auch nicht in dieser Einseitigkeit, weit verbreitet. So ist etwa in der Franziskus-Biographie von Adolf Holl aus dem Jahr 1979 zu lesen: «Was wir an Franz, innerhalb der uns vertrauten Begriffe, völlig vermissen, ist das politische Denken und Wollen.»[15] Doch schon der große Franziskus-Forscher des letzten Jahrhunderts, Paul Sabatier (1858–1928), hielt für ein angemessenes Franziskus-Verständnis die sozialpolitische Einbettung seiner Person für unabdingbar: «Wie in den meisten italienischen Städten gab es auch in Assisi Vornehme und Geringe, das ‹popolo grasso› und das ‹popolo minuto›. Franziskus gesellte sich mit voller Entschiedenheit zu den letzteren. Diese politische Seite seines Apostolats muß wohl im Auge behalten werden, um den überraschenden Erfolg und die ganze Eigentümlichkeit der franziskanischen Bewegung bei ihrem ersten Auftreten zu verstehen.»[16]

Die politische Sichtweise bemüht sich daher in erster Linie um die Einbettung der Person des Heiligen in den geschichtlichen und gesellschaftlichen Zusammenhang und zeigt ihn als einen äußerst scharfen Kritiker der damaligen Verhältnisse, vor allem der ökonomischen.

Die andere, psychologische Betrachtungsweise sucht in den Zusammenhängen den Menschen, die Person des Franziskus. Auch zu diesem Aspekt äußerte sich Paul Sabatier: «Seine Lebensgeschichte ist uns darum so anziehend, weil wir […] hinter dem Wundertäter den Menschen entdecken, der nicht nur große Taten vollbracht, sondern ein rein menschliches Leben geführt hat, ein Leben inneren Wachsens und Kämpfens.»[17] Daher muß die psychologische Sichtweise den Menschen als vielschichtiges, rätselhaftes, auch widersprüchliches Wesen in den Blick nehmen.

Quellen[18]

Von den Franziskus-Bildern, welche vor allem die jeweilige Zeit und deren Anliegen widerspiegeln, wenden wir uns den Ursprüngen zu. Als Quellen zur Erforschung seiner Lebensgeschichte besitzen wir Legendensammlungen, Chroniken, Urkunden und schließlich Texte, die von Franziskus selbst stammen.

Am ergiebigsten scheinen die Legendensammlungen zu sein. Doch der Schein trügt. Sie sind alle nach dem Tod des Heiligen verfaßt oder zusammengestellt worden, zum Teil in großem zeitlichem Abstand, und stützen sich weniger auf eigene Anschauung als auf die Erzählungen von Augenzeugen oder von Bekannten der Augenzeugen, wie dies in einigen der Sammlungen offen formuliert wird: «Diese Taten haben wir mit eigenen Augen gesehen, oder konnten sie von anderen heiligen Brüdern erfahren, so vor allem von Bruder Philippus [...] und von Bruder Johannes [...]; dieser hatte das meiste [...vom] heiligen Bruder Ägidius, auch von Bruder Bernhard seligen Angedenkens, dem ersten Gefährten des seligen Franziskus, erfahren.»[19] Zudem gehorchen die Legendensammlungen keinem geschichtlich-dokumentarischen Interesse. Sie wollen kein historisch getreues Porträt des Heiligen zeichnen, vielmehr «seinen hervorragenden Wandel und seinen Willen, der Gott wohlgefiel [...] aufzeigen zum Lob und Preis des höchsten Gottes und unseres heiligen Vaters, sowie zur Erbauung derer, die seinen Fußspuren nachfolgen wollen»[20]. Doch unterscheiden sich die Legendensammlungen sehr deutlich voneinander, und manche sind historisch zuverlässiger als andere. Drei Arten von Sammlungen sind uns bekannt:

Die berühmten «Fioretti» («Blümlein»)[21] erzählen zwar sehr anmutig und phantasievoll über den Heiligen. Die Sammlung entstand aber erst im späten 13. und frühen 14. Jahrhundert, sie ist vom historischen Geschehen am weitesten entfernt. Die «Blümlein» schufen das Bild von Franz als «Bruder Immerfroh».

Vier Berichte entstanden auf Anordnung der Ordensleitung oder des Papstes gleichsam als «offizielle» Darstellungen des Heiligen: Der Ordensgeneral Bonaventura (1221–1274) verfaßte in den sechziger Jahren, also gut eine Generation nach Franziskus, das «Große» und das «Kleine Franziskusleben»; das Ordensmitglied Tommaso da Celano schon wenige Jahre nach dem Tod des Heiligen die erste und Mitte der vierziger

Jahre eine zweite Legendensammlung. Alle vier Sammlungen sind literarisch und theologisch anspruchsvoll, von gelehrten Fachleuten verfaßt. Mit Ausnahme der ersten Celano-Sammlung zeichnen sie ein idealisiertes, in weiten Teilen heroisches Heiligenporträt: Franziskus als Gründer und Stifter des Ordens, schon zu Lebzeiten ein Denkmal, gemeißelt nach den großen biblischen oder kirchengeschichtlichen Vorbildgestalten. Franziskus verschenkt seinen Mantel wie der heilige Martin, trägt Wundmale wie Christus. In manchen Geschichten wird diese Tendenz übermächtig. Da läßt er, wie Mose, Wasser aus dem Felsen fließen, verwandelt, wie Jesus, Wasser zu Wein, fährt, wie Elia, auf einem Feuerwagen gen Himmel und erscheint nach seinem Tod einem ungläubigen Bruder.

Eine letzte Gruppe von Quellensammlungen sind einfach formuliert, gleichen in ihrem Stil eher dem gesprochenen als dem geschriebenen Wort. Ihr Anspruch ist bescheidener. Unter ihnen sind besonders die «Dreigefährtenlegende», die «Legendensammlung von Perugia» sowie der «Kleine» und der «Große Spiegel der Vollkommenheit» hervorzuheben.[22] Die endgültige Redaktion der meisten dieser Legendensammlungen erfolgte wohl zu Beginn des 14. Jahrhunderts, doch gehen sie auf ältere Werke zurück, die zum Teil Mitte der vierziger Jahre, also zwanzig Jahre nach dem Tod des Franziskus, niedergeschrieben wurden. Manche der Sammlungen geben sich als Schriften von engen Franziskus-Gefährten aus[23], doch bleiben ihre wahren Verfasser und ihre genaue Entstehungsgeschichte trotz zahlloser wissenschaftlicher Untersuchungen im dunkeln.[24]

Nicht nur stilistisch, sondern auch inhaltlich unterscheiden sich die schlichten von den kunstvollen Legenden. In den ersteren wird Franziskus als menschliche Gestalt sichtbar, mit Stärken und Vorzügen, aber auch mit Fehlern und Schwächen. Aus diesem Grund charakterisieren diese Erzählungen Franziskus sicherlich treffender als die kunstvollen. Auch sie sind jedoch keine historischen Berichte im heutigen Sinne, auch sie verfolgen eine Tendenz. Während die offiziellen Legendensammlungen Franziskus in voller Übereinstimmung mit der Entwicklung des Ordens zeigen, steht er bei den schlichten in mehr oder minder großer Spannung zur Fortführung seines Lebenswerkes, bis hin zur schroffen Kritik und Ablehnung. Die Sammlungen einfacher Legenden stammen aus dem Umfeld jener Kräfte, welche die weitere Entwicklung und die Leitung des Ordens kritisierten. Beide Sichtweisen, die der offiziellen wie die der oppositionellen Gruppe, verfolgen somit ein bestimmtes Interesse, versuchen, mit der Autorität von Franziskus ihre Position zu stärken. Was für die Franziskus-Interpretationen der Folgezeit gesagt wurde, gilt also auch schon hier. Manche Erzählungen werfen demnach eher Licht auf die Auseinandersetzungen im Orden als auf die historische Gestalt des Franziskus.

Eine weitere, in der Franziskus-Forschung zwar schon geforderte, aber noch nicht konsequent verwirklichte Möglichkeit der geschichtlichen Spurensuche besteht darin, nicht Legendensammlungen, sei es ganz oder in großen Teilen, auf ihre historische Zuverlässigkeit zu befragen, sondern die Geschichte einzelner Legenden zurückzuverfolgen.[25]

Das Beispiel der berühmten Legende, in der sich Franziskus vor dem Bischof von seinem Vaterhaus lossagt, mag die Entwicklung einer Einzelerzählung verdeutlichen. Die «Dreigefährtenlegende» berichtet, Franz habe all seine Kleider vor den Füßen des Vaters niedergelegt, und fährt fort: «Dann kam er in Gegenwart aller Schaulustigen nackt wieder heraus […].» Die erste Celano-Legende erzählt: «Nicht einmal die Hose behielt er zurück, vollständig entblößte er sich angesichts aller», um schnell zu verbessern: Der Bischof «bedeckte ihn mit dem Mantel, den er

Giotto di Bondone: Der hl. Franziskus verzichtet auf die irdischen Güter. Fresko, nach 1317. Florenz, Sta. Croce, Bardi-Kapelle

trug». In der zweiten Celano-Legende zeigt Franz seine Blöße nicht mehr in Wirklichkeit, sondern nur noch in Worten und sagt: «Nackt also will ich zum Herrn gehen!» Die neugierigen Zuschauer aber erfahren diesmal wenig Befriedigung: «Damals fand man, daß der Mann Gottes ein Bußgewand unter seinen Kleidern trug […].»[26] Die Entwicklung ist deutlich. Jede der späteren Darstellungen mildert das Anstößige der ursprünglichen Erzählung ab. Der Leib des Heiligen wird dem Betrachter mehr und mehr entzogen. Umgekehrt ist die realistische, menschliche, skandalöse Version wohl die älteste. Das heißt aber noch nicht, daß die älteste Fassung das historische Geschehen zuverlässig wiedergibt. Auch hinter ihr steht eine Absicht, nämlich die, den Heiligen als radikalen, vollständig armen, vor Gott und den Menschen «nackten» Vollendeten zu zeigen.

Ein weiterer Schritt zurück führt in die Zeit der mündlichen Überlieferung, denn die einzelnen Legenden wurden, bevor man sie aufschrieb, weitererzählt. Leider hat sich die Franziskus-Forschung bisher kaum der Frage zugewendet, in welchen konkreten Zusammenhängen und mit welchen genauen Absichten die einzelnen Legenden mündlich überliefert wurden und wie sie sich dabei veränderten. Dieses Verfahren würde zwar nicht unmittelbar zum historischen Geschehen führen, jedoch in seine Nähe.

Die zeitgenössischen Chroniken sind ebenfalls keine historischen Berichte im heutigen Sinne, dennoch geben sie wichtige Hinweise zur Ordensentwicklung, besonders für die Zeit der Orientreise des Franziskus.

Als weitere Quellen kommen päpstliche Bullen und Briefe in Betracht sowie Dokumente in städtischen Archiven, vor allem dem von Assisi.

Den Kern der Quellen aber bilden Texte, die nicht nur von Franziskus berichten, sondern von ihm selbst stammen.

Von Franz' eigener Hand sind uns nur zwei kurze Texte erhalten. Der eine wird in Assisi, der andere in Spoleto aufbewahrt. Beide, eine Segensformel und ein kurzer Brief, sind an Bruder Leo gerichtet. Weitere Texte diktierte Franz einem Schreiber, andere, wie etwa der berühmte *Sonnengesang*, wurden mündlich überliefert, bis man sie, oft erst nach längerer Zeit, schriftlich festhielt. Heute gelten das *Testament*, der *Sonnengesang*, einige Briefe sowie ein paar theologische Schriften und andere Diktate als Originalwerke von Franziskus. Bei den beiden schriftlich erhaltenen Regeln des Ordens ist der Einfluß von Franziskus nicht genau feststellbar. In der späteren Fassung war er wohl sehr gering. Legt man strenge Maßstäbe zugrunde, umfaßt eine Sammlung der originalen Franziskus-Texte ein paar Dutzend Seiten, auch bei einer großzügigen Interpretation kommt man nur auf ein schmales Bändchen von wenig mehr als einhundert Seiten.

Daß es sich lohnt, die Echtheit der Franziskus zugeschriebenen Werke sehr genau zu prüfen, zeigt das Beispiel des bekannten «Friedensgebets», das häufig als originales Werk von Franziskus angesehen wird und in manche gegenwärtige Textsammlung aufgenommen ist:

«O Herr, mach mich zu einem Werkzeug deines Friedens,
daß ich Liebe übe, da wo man mich haßt;
daß ich verzeihe, da wo man mich beleidigt;
daß ich verbinde, da wo Streit ist;
daß ich die Wahrheit sage, da wo Irrtum herrscht;
daß ich den Glauben bringe, wo Zweifel ist;
daß ich Hoffnung wecke, wo Verzweiflung quält;
daß ich dein Licht anzünde, wo die Finsternis regiert;
daß ich Freude bringe, wo der Kummer wohnt.
Ach Herr, laß mich trachten:

nicht daß ich getröstet werde, sondern daß ich tröste;
nicht daß ich verstanden werde, sondern daß ich verstehe;
nicht daß ich geliebt werde, sondern daß ich liebe.
Denn wer da hingibt, der empfängt;
wer sich selbst vergißt, der findet;
wer verzeiht, dem wird verziehen
und wer da stirbt, der erwacht zum ewigen Leben.»[27]

Dieser Text, so zeigt eine genaue Untersuchung, stammt nicht von Franziskus. Vielmehr findet er sich zum erstenmal in einem Kalender aus der Zeit kurz vor dem Ersten Weltkrieg. Im Krieg fand er Verbreitung auf der Rückseite eines Andachtsbildes, das auf der Vorderseite ein Porträt des Franziskus trug. So entstand die Legende, das Friedensgebet sei ein Werk des Heiligen.[28]

Angesichts der Quellenlage stützt sich die vorliegende Darstellung neben den Ordensregeln vor allem auf die authentischen Schriften des Franziskus. Da das *Testament* eine Quelle ersten Ranges darstellt und zudem seine eigene Entwicklung sowie die des Ordens recht vollständig kommentiert, sind seine Abschnitte den entsprechenden Kapiteln dieses Buches vorangestellt. Hintereinander gelesen ergeben sie den vollständigen Wortlaut. Auch Legendentraditionen werden herangezogen, doch mache ich dies in der Regel deutlich, um eine in Heiligenbiographien leider häufig anzutreffende Vermischung von historischer Wahrheit und legendarischer Erzählung zu vermeiden und den Lesern und Leserinnen die Bildung eines eigenen Urteils zu erleichtern. Größere Zuverlässigkeit dürften die Legenden für sich beanspruchen, welche Franziskus als Menschen mit menschlichen Zügen zeichnen. Manche Geschichte der Art findet sich in den kritischen, schlichten Versionen sowie in der ersten Celano-Sammlung.

Selbstporträt

Man könnte nun versucht sein, ein Bild des Franziskus aus seinen eigenen, nun wirklich authentischen Schriften zu entwickeln, gleichsam ein Selbstporträt. Dieser Versuch ist berechtigt, um so mehr, als Franziskus mit seinem *Testament* einen Lebensrückblick, eine Art Autobiographie geliefert hat. Der Versuch hat aber seine Grenzen. Denn auch ein Selbstporträt verfolgt bestimmte Interessen. So müssen selbst die authentischen Texte untersucht, geprüft und interpretiert werden.

Das Bild, das man aufgrund der Texte des Franziskus von seiner Person entwerfen kann, ist nicht einheitlich. Eine der wichtigsten Spannungen entsteht zwischen der Bescheidenheit und Demut sowie dem Selbst- und Sendungsbewußtsein des Heiligen. Auf der einen Seite bezeichnet er sich immer wieder als der *ganz kleine Bruder Franziskus*. Die Demut ist ihm eine der wichtigsten Tugenden. Dienen will er, nicht herrschen. Zugleich aber verweisen die Texte auf ein ausgeprägtes Selbstbewußtsein und die feste Überzeugung, erwählt zu sein. Stolz betont er, daß seine Bekehrung, seine Form des Glaubens und seine Ordensgründung unmittelbar von Gott in ihm und durch ihn bewirkt wurden. Von keinem Menschen, keiner Institution, keinem irdischen Vorbild fühlt er sich abhängig. Eine Legende berichtet, daß er den Ehrgeiz hatte, der Allerdemütigste, also in der Demut der Größte zu sein. An diesen und anderen Stellen gerät die Darstellung des Helden aufgrund seiner eigenen Aussagen zu einer mehrschichtigen Collage. Franziskus hat unterschiedliche Seiten, sein Gesicht prägt auch rätselhafte, dunkle, widersprüchliche Züge. Das ist menschlich.

Zeit und Umwelt

Eine entscheidende Hilfe beim Versuch, ein Porträt von Franziskus zu entwerfen, bietet die Betrachtung der Welt, in der er lebte.[29] Die Kenntnis der Zeit um 1200 und der Umwelt wirft Licht auch auf ihn.

Im Jahr 1200 ist Franz von Assisi (1182–1226) achtzehn Jahre alt. Die Epoche, in der er lebte, das Hochmittelalter, ist keine ruhige Zeit, sondern auf allen Gebieten des Lebens von tiefgreifenden Umbrüchen gezeichnet.

Wirtschaft

Auf den ersten Blick scheint die überkommene Feudalordnung noch nicht erschüttert zu sein. In der mittelalterlichen Agrargesellschaft versorgen Bauern die Herren mit Nahrungsmitteln; diese gewähren dafür rechtlichen und militärischen Schutz. Sichtbare Kennzeichen der Zeit sind das Dorf und die Burg. In den wenigen Städten leben neben Bauern Handwerker und andere Bürger. Der Handel beschränkt sich im wesentlichen auf den Austausch im Rahmen eines Ortes und seiner unmittelbaren Umgebung. Reichtum bedeutet noch nicht den Besitz des in diesem Wirtschaftssystem bedeutungslosen Geldes, sondern die Möglichkeit, politische, rechtliche und militärische Macht auszuüben. Bitterste Armut und Hunger gibt es in größerem Ausmaß nur zeitweilig, als Folge von Naturkatastrophen und Mißernten. Das soziale System ist starr, man wird als Bauer, als Handwerker, als niedriger oder höherer Adliger geboren, zugleich ist es deutlich hierarchisch gegliedert in Form einer Pyramide. Eine in den Konstitutionen zweier italienischer Städte aufgestellte Rechnung besagt, «ein Bürger gleiche an Wert zwei Bauern, ein Ritter zwei Bürgern und ein Baron zwei Rittern»[30].

Mitten in dieser Ordnung aber bildet sich Zündstoff. Eine neue Produktionsform entsteht: die Manufaktur. Unter einem Dach fertigen Arbeiter zwar noch in Handarbeit, aber bei zunehmender Arbeitsteilung Waren, vor allem Stoffe, in immer größeren Mengen. Zudem steigern technische Neuerungen wie Walkmühle, Spinnrad und horizontaler Tritt-

Um 1200 gab es noch keine einheitlichen Währungen. Geldwechsler besorgten das Umrechnen der Maße und Gewichte. Glasfenster in der Kathedrale von Le Mans, um 1240

webstuhl die Produktivität der Arbeit und die Qualität der Erzeugnisse. Der Handel wird intensiviert und weitet sich aus. Die Wirtschaft expandiert, der Fernhandel blüht auf, die Bevölkerung vermehrt sich rasch. Zwischen 1100 und 1300 vollzieht sich eine ökonomische Revolution, die Bevölkerungszahl Europas steigt in diesen beiden Jahrhunderten von gut 25 auf über 50 Millionen. In der Lebenszeit des Franziskus wirken sich die gesellschaftlichen Veränderungen besonders dramatisch aus. Das 13. Jahrhundert ist «die große Epoche des Textils, genauer gesagt des Qualitätstuchs»[31].

Die wirtschaftliche Entwicklung verändert die Gesellschaft von Grund auf. Eine immer bedeutendere Rolle spielt jetzt das Geld. Mit ihm wickelt man nicht nur den Handel mit Waren ab, sondern setzt es als Ersatzware ein, man leiht und verleiht gegen Zins. Das Bankenwesen entsteht.

Die Städte wachsen, denn Manufaktur, Fernhandel und Geldwirtschaft sind städtische Entwicklungen. Flandern mit Brügge und Gent und die Städte im südlichen Frankreich sowie im nördlichen Italien, vor allem Mailand, sind die Zentren des Fortschritts. Verständlich, daß die Begriffe des Zahlungsverkehrs noch heute aus dem Italienischen stammen, etwa Kasse, Konto oder Giro.

Die Städte unterwerfen das umliegende Land, entziehen diesem Arbeitskräfte, Nahrungsmittel und Rohstoffe für die Tuchherstellung. Die schwächeren ländlichen Schichten verarmen. Die Adligen werden ins

Hungernde Bettler. Eine der wenigen nichtidealisierten Darstellungen. Aus den «Grandes Chroniques de France». 15. Jahrhundert

städtische Leben integriert und leisten für die Stadt Waffendienst. Zwischen benachbarten Städten flammen Kämpfe um die regionale Vorherrschaft auf. Kleinkriege dieser Art sind um 1200 an der Tagesordnung.

In den Städten verändert sich die soziale Struktur grundlegend. Gewinner ist die jetzt auf breiter Basis entstehende Klasse des Bürgertums: Manufakturbesitzer, Großkaufleute, Bankiers, auch Teile der Handwerkerschaft, etwa im Baugewerbe. Verlierer sind ungelernte Arbeitskräfte und manche Handwerkszweige, vor allem Weber, welche der Konkurrenz der Manufakturen nicht standhalten können. Sie bilden, zusammen mit den «klassischen» Armen, den Witwen, Waisen und Kranken, das Stadtproletariat. Die Zahl der Armen steigt drastisch, Arbeitslosigkeit und bittere Armut werden zum dauerhaften Strukturproblem. Der neue Gegensatz von Reichen und Armen löst um 1200 die alte Einteilung der Welt in Mächtige und Abhängige ab, wobei Reichtum jetzt in barer Münze besteht. Der Adel gerät in eine eigentümliche Situation: auf der einen Seite ist er reich an Grundbesitz und Immobilien, auf der anderen fehlt ihm häufig bares Geld.

Die sozialen Veränderungen bergen politischen Sprengstoff. Wer reich ist, will einflußreich werden. So beginnt das frühe Bürgertum mit der alten Aristokratie einen Kampf um die politische und administrative Macht, der häufig die Formen eines innerstädtischen Bürgerkrieges annimmt. Um 1200 gelingt es den bürgerlichen Schichten, in zahlreichen italienischen Städten die Herrschaft zu erringen und patrizische Ordnungen einzurichten.

Während Dorf und Burg die alte Feudalordnung sichtbar repräsentieren, kennzeichnet die Stadt mit Zollhaus und Rathaus die neue Entwicklung.

Politik

Zwei Auseinandersetzungen beherrschen die politische Bühne. Das christliche Abendland kämpft gegen die Welt des Islam, innerhalb des Abendlandes aber ringen Papst und Kaiser um die Vormachtstellung. Den Kampf gegen den Islam führten die Staaten des Abendlandes an zwei Fronten, im südlichen Europa und in Palästina.

Ein Jahrhundert vor der Geburt des Franziskus vertrieben die Normannen die Sarazenen aus Sizilien und errichteten in Süditalien ein Königreich. Bei der Rückeroberung Spaniens (Reconquista) errangen die christlichen Reiche der nördlichen Iberischen Halbinsel zu Lebzeiten des Franziskus einen entscheidenden Sieg über die maurischen Almohaden.

Die Kreuzzugsbewegung speiste sich aus den alten Traditionen der Pilgerschaft ins Heilige Land und des heiligen Krieges gegen die Ungläubigen. Die Bewegung begann im Jahr 1095, währte zwei Jahrhunderte und brachte wechselnde christliche und muslimische Erfolge. Zeitweilig gelang es den Christen, im Nahen Osten Kreuzfahrerstaaten zu errichten. In die Lebenszeit des Franziskus fallen mehrere Kreuzzüge. Als die Kreuzfahrer von 1217 bis 1221 in Ägypten kämpften, war Franziskus zeitweise dabei.[32]

Die Auseinandersetzung mit der arabischen Welt hatte für das Abendland wichtige Folgen. Die Handelsbeziehungen mit Asien weiteten sich aus, Europa übernahm die arabischen Zahlen, entdeckte das von den Arabern tradierte aristotelische Gedankensystem neu und fühlte sich unter dem Eindruck der hohen Kultur des Islam zu eigenen Bildungsanstrengungen herausgefordert, insbesondere zur Gründung von Universitäten.

Während der Lebenszeit des Franziskus kämpften Kaiser und Papst um die Vorherrschaft in Europa. Mehr als einhundert Jahre, von der Mitte des 12. bis zur Mitte des 13. Jahrhunderts, währte die Herrschaft der Staufer, welche die alte Idee eines neuen Römischen Reiches wiederbelebten und Deutschland und Italien unter ihrer Herrschaft zu vereinen suchten. Friedrich I. (1122–1190), seines rötlichen Vollbartes wegen auch «Barbarossa» genannt, wurde Herr über Ober- und Mittelitalien. Sein Sohn Heinrich VI. (1165–1197) heiratete Konstanze (1154–1198), die Erbin des normannischen Königreichs Sizilien, zu dem auch Unteritalien gehörte. Damit erstreckte sich das staufische Großreich von der Nordgrenze Schleswigs bis zur Südspitze Italiens, mit Aus-

Kaiser Friedrich II. (1194–1250). Ausschnitt aus dem Dedikationsbild zu der Handschrift seines Werkes «De arte venandi cum avibus» («Von der Falkenjagd»)

nahme eines kleineren päpstlichen Herrschaftsbereichs. Barbarossas Enkel, Friedrich II. (1194–1250), hielt das Reich nach seiner Wahl zum König im Jahr 1212 von seinem Hof in Palermo aus für die Dauer einer Generation noch zusammen, bevor die Stauferherrschaft nach der Jahrhundertmitte ihr Ende fand. Italien und Deutschland zerfielen immer

Papst Innozenz III. (um 1160–1216). Links der hl. Franziskus.
Fresko, 13. Jahrhundert. Subiaco, Sacro Speco

weiter in kleinere, relativ selbständige Territorien, sie traten an Bedeutung gegenüber den aufstrebenden westeuropäischen Nationalstaaten zurück.

Die staufischen Kaiser waren aber nicht unangefochten die Herren im Zentrum Europas. Vielmehr machten ihnen die Päpste diesen Rang streitig. Die Glanzzeit des Papsttums fällt in die Zeit der Schwäche der

Staufer. Als 1197 Kaiser Heinrich VI. mit 32 Jahren starb, entstand ein Machtvakuum, da sein Sohn Friedrich erst knapp drei Jahre alt war. Die Doppelwahl Philipps von Schwaben (1178–1208), des jüngsten Bruders von Heinrich, und des Welfen Otto IV. (ca. 1173–1218) zu deutschen Königen führte in Deutschland zu einem bürgerkriegsähnlichen Zustand. Gleichzeitig kam es in Italien zu Aufständen gegen die Herrschaft der Staufer. Lapidar kommentiert ein Chronist, daß mit dem Kaiser Recht und Frieden im ganzen Reich starben.

In dieser Zeit eines Machtvakuums bestieg Papst Innozenz III. (um 1160–1216) im Jahr 1198 den Heiligen Stuhl. «O weh, der Papst ist zu jung», klagte Walther von der Vogelweide (um 1168–1228) über die Wahl des Siebenunddreißigjährigen. Innozenz aber gelang es, sich zum mächtigsten Mann des Abendlandes aufzuschwingen. Einige kaiserliche Gebiete Mittelitaliens, unter anderem das Herzogtum Spoleto, zu dem auch Assisi gehörte, ließ er zwischen 1198 und 1209 besetzen und erweiterte damit seinen unmittelbaren Herrschaftsbereich. In ganz Europa betrieb er Politik, mischte sich massiv in den deutschen Thronstreit ein, machte einige Länder, darunter England, lehnsabhängig, wurde Vormund des jungen Friedrich. Auch über Europa hinaus suchte er seinen Führungsanspruch geltend zu machen, betrieb die Vereinigung der katholischen mit der byzantinischen Kirche und bekämpfte den Islam.

Seinen Vormachtsanspruch gegenüber dem Kaiser kleidete Innozenz in ein anschauliches Gleichnis. Wie der Mond sein Licht nur von der Sonne empfange, erhalte der Kaiser seine Macht durch den Papst. Zudem seien Mond und Kaiser kleiner und regierten nur die Nacht bzw. die Körper der Menschen, während der sonnengleiche Papst Herr über die wichtigeren Seelen sei.

Als erster Papst ließ Innozenz III. sich nicht nur als Nachfolger Petri bezeichnen, sondern auch als Stellvertreter (Vicarius) Christi auf Erden. Die Kirche stabilisierte er durch Stärkung der päpstlichen Gewalt und durch Reformen. Sichtbares Zeichen des Glanzes des Papsttums auf der Höhe seiner Macht wurde das 4. Laterankonzil im Jahr 1215, bei dem sich etwa zweitausend der höchsten geistlichen Würdenträger in Rom versammelten.

Als Untertan Kaiser Barbarossas wurde Franziskus geboren. Als Jugendlicher erlebte er die Aufstände gegen die Herrschaft der Staufer mit, vielleicht beteiligte er sich sogar aktiv an ihnen. Die deutsche Kaiserherrschaft lehnte er wohl ab. Einer alten Legende nach wollte er den kaiserlichen Prunkzug nicht anschauen, als Otto IV. auf dem Rückweg von der Kaiserkrönung 1209 durch Umbrien zog.

Das Papsttum auf der Höhe seiner Macht bejahte er dagegen. Drei Päpste wurden für ihn wichtig: Innozenz III. und dessen Nachfolger Honorius III. (um 1150–1227), im Amt seit 1216, sowie Gregor IX. (um 1170–1241), Papst seit 1227. Er kannte sie persönlich, mit Gregor war er

Andrea da Firenze: Ausschnitt aus der Allegorie der hierarchisch aufgebauten Gesellschaft: Im Hintergrund rechts von der Mitte Papst und Kaiser, vorne links die Repräsentanten der verschiedenen Stände. Fresko, 1355. Florenz, Sta. Maria Novella, Spanische Kapelle

sogar befreundet. Alle drei förderten Franziskus tatkräftig, allen begegnete Franziskus mit Hochachtung.

Religion

Die kirchliche Lehre überhöhte die Herrschaftsverhältnisse des Feudalsystems religiös und erweiterte die soziale Unterscheidung von Herren und Knechten zu einer dreistufigen Ordnung. Betende, das heißt Kleriker und Mönche (oratores), standen über den Herrschenden und Kämpfenden, also dem hohen und niederen Adel (bellatores), diese wiederum über den Arbeitenden, das heißt den Bauern und Handwerkern (laboratores).

Die Kirche hielt am alten fest und wurde doch zugleich von den neuen Entwicklungen geprägt. In Italien ging zwischen dem 11. und dem 13. Jahrhundert ein guter Teil des bischöflichen Besitzes an das Bürgertum verloren. Die päpstliche Kurie aber versuchte, von der Entwicklung zu profitieren und baute als erstes Institut in Italien ein geordnetes Bankenwesen auf.

Auch innerhalb der Kirche galt eine hierarchische Einteilung in drei Ordnungen oder Grade. «Zum ersten die der Laien, zum zweiten die der Kleriker und zum dritten die der Mönche. Obwohl keine der drei frei von Sünde ist, ist die erste gut, die zweite besser und die dritte am besten.»[33]

Die Spitze der Hierarchie bildete das Mönchtum. Die Mönche zogen sich von der Welt zurück und führten hinter Klostermauern ein asketisches Leben der Armut, der Keuschheit und des Gehorsams nach der Regel des heiligen Benedikt. Da die Armutsforderung nur für den einzelnen Mönch galt, nicht aber für die Klostergemeinschaft, wurden viele Klöster reich und mächtig, gewannen wirtschaftlichen, kirchlichen und politischen Einfluß und vernachlässigten das geistliche Leben. Gegen diese Entwicklung bildeten sich immer wieder Reformorden, die zum ursprünglichen mönchischen Ideal zurückkehren wollten, doch auch sie erlagen häufig dem gleichen Sog.

Das Mönchtum wurde vielgestaltiger und differenzierte sich auch entsprechend den sozialen Bedingungen. Jede Schicht schuf sich «ihre» Orden, der hohe Adel die älteren Orden, der kriegführende niedere Adel die Ritterorden, das Bürgertum aber die Bettelorden des beginnenden 13. Jahrhunderts: Franziskaner und Dominikaner.

War der Stern des Mönchtums um 1200 schon im Sinken, stieg derjenige der Heiligen sprunghaft. Sie traten an die Stelle der Mönche, galten jetzt als Idealtypus des religiösen Menschen. Waren im frühen Mittelalter nur hochgestellte geistliche und weltliche Führer heiliggesprochen worden, so konnten ab dem späten 12. Jahrhundert auch Angehörige anderer Schichten zu Heiligen aufsteigen, wenn sie ein Leben der Askese und Nächstenliebe geführt hatten oder den Märtyrertod gestorben waren. Homobonus, der «gute Mensch», ein Kaufmann aus Cremona, wurde kurz vor 1200 als erster nichtadliger Laie heiliggesprochen.

Mönche und Heilige waren die ideellen, die Priester aber die realen Stützen der Kirche. Die Geistlichkeit teilte sich in den niederen und den höheren Klerus auf. Den einfachen Priestern standen die Prälaten, die kirchlichen Würdenträger, also Bischöfe, Kardinäle und Päpste, gegenüber. Die kirchliche Hierarchie insgesamt bildete einen Teil des Feudalsystems. Die Prachtentfaltung im hohen Klerus erreichte unvorstellbare Ausmaße. Drei Jahre vor der Geburt des Franziskus beschloß das 3. Laterankonzil im Jahr 1179, daß «Erzbischöfe […] auf ihren Reisen nicht mehr als 40 bis 50 Pferde bei sich haben und darauf verzichten [sollen], mit Jagdhunden und Vögeln auszufahren»[34]. Das 4. Laterankonzil äußerte sich im Jahr 1215 kritisch zu den moralischen Mißständen in der Kirche. «Wir beklagen das Verhalten mancher aus dem niederen Klerus, aber auch aus den Prälaten der Kirche; sie verbringen fast die halbe Nacht mit überflüssigen Schmausereien und ungeziemendem Geschwätz, von anderen Dingen ganz zu schweigen [...].»[35]

Während sich die Kirche als Institution weiterhin auf den geistlichen Stand, also auf die ausgebildeten und geweihten Priester stützte, gewannen die Laien wichtigen Einfluß auf das geistliche Leben.

Die Volksfrömmigkeit lebte von der Sehnsucht nach dem Himmel und der Angst vor der Hölle. Ob man im Jüngsten Gericht bestraft oder belohnt wird, entscheidet sich im jetzigen Leben, auf das Engel und Dämonen Einfluß nehmen. Dem Menschen kommen göttliche Wunder und die Heiligen, allen voran die Gottesmutter Maria, zu Hilfe.

Vorrangig unter Laien entstanden in der zweiten Hälfte des 12. Jahrhunderts in engem Zusammenhang mit der wirtschaftlichen Entwicklung die Ketzer- und Armutsbewegungen, ein neues religiöses Massenphänomen, getragen von der Idee eines Lebens in Armut und Askese.

Die Katharer (Reinen), von denen sich der Begriff «Ketzer» ableitet, faßten, vom Balkan kommend, besonders im südlichen Frankreich Fuß. Ihre Lehre ist von einer deutlichen Ablehnung alles Stofflichen geprägt. Gott ist nicht der Schöpfer der Erde, Jesus Christus war kein wirklicher Mensch und ist in der Feier der Eucharistie in Brot und Wein nicht körperlich anwesend. Der Mensch soll die Welt fliehen, sich der Fleischeslust enthalten und asketisch leben. Gewalt, Krieg und den Genuß von Fleisch und tierischen Produkten lehnten die Katharer ab.

Die Armutsbewegungen entstanden als Reaktion auf die sich ausbreitende strukturelle Armut, ihre Ursprünge liegen in den Zentren des wirtschaftlichen Fortschritts. In den oberitalienischen Städten, vor allem in Mailand, bildete sich die Gruppe der Humiliaten; in Südfrankreich, zuerst in Lyon, kam die der Waldenser auf, und von Flandern, insbesondere von Lüttich ausgehend, verbreitete sich das Beginentum, der spezifisch weibliche Zweig der Armutsbewegung.[36] Humiliaten, Waldenser und Beginen wurden freiwillig arm, solidarisierten sich mit denen, die von der wirtschaftlichen Entwicklung an den Rand gedrängt wurden, und lebten in äußerster Bescheidenheit. Ihr Leben verstanden sie als einen Weg der Nachfolge Jesu, im Geiste der urchristlichen Gemeinde. Teilweise praktizierten sie Gütergemeinschaft, alle Ausgaben wurden aus einer gemeinsamen Kasse bestritten. Die Waldenser widmeten sich der Wanderpredigt und nahmen die Nachfolge-Worte Jesu und die Gebote der Bergpredigt, insbesondere Armutsforderung, Pazifismus und Eidverzicht, sehr ernst. Die Beginen, welche oft gemeinschaftlich in «Beginenhöfen» wohnten, wurden in der Krankenpflege tätig. Die Humiliaten aber fertigten unter bewußtem Verzicht auf Gewinn in Handarbeit, mitunter sogar in eigenen Manufakturen, das «Humiliaten-Tuch», einen

Nikolaus von Verdun: Der Höllenrachen. Ausschnitt aus dem Verduner Altar, rechter Flügel. Email, 1181. Klosterneuberg, Stiftskirche

ungefärbten, naturbelassenen Stoff von einfacher Qualität, erschwinglich für ärmere Schichten.

Die Antworten der Ketzer- und Armutsbewegungen auf die wirtschaftlichen und sozialen Verhältnisse fielen unterschiedlich aus. Ein Teil des Katharertums propagierte den Rückzug ins Religiöse, die Beginen engagierten sich sozial, die Humiliaten entwarfen alternative wirtschaftliche Strukturen.

Die Lehre der Katharer war mit dem Katholizismus der Zeit kaum vereinbar. In Südfrankreich bildeten sie bald eine starke Kirche mit eigenen Priestern, Sakramenten und Dogmen. Die freiwillig Armen verstanden sich als gute Katholiken, kritisierten aber die Mißstände in der Kirche, vor allem den Reichtum und den Lebenswandel des Klerus. Die Grundlagen der Amts- und Klerikerkirche jedoch stellte der Gedanke in Frage, die von einem unwürdigen Priester gespendeten Sakramente seien unwirksam.

Die Kirche versuchte, die Ketzer- und Armutsbewegungen zu unterdrücken. Im Jahr 1184, kurz nach der Geburt des Franziskus, wurden ihre Mitglieder exkommuniziert und damit aus der Kirche ausgeschlossen. Trotz dieser Maßnahmen breiteten sich die unliebsamen Strömungen weiter aus. Da kam es zu einer Wende in der päpstlichen Ketzerpolitik. Innozenz III. und seine Nachfolger versuchten, die Armen wieder in die Kirche zu integrieren, die Katharer aber zu vernichten. Kirchliche Ordensgründungen, vor allem die der beiden großen Bettelorden, sollten zeigen, daß ein Leben der radikalen Nachfolge und Armut in der Kirche möglich ist. Die päpstliche Politik hatte bei den oberitalienischen Armen Erfolg. Sie ließen sich wieder eingliedern und waren nun die «Wiederversöhnten Armen» («pauperes reconciliati»).

Daneben förderte Innozenz III. kirchliche Reformen zur geistlichen Bekämpfung der Armutsbewegung. Die Beschlüsse des 4. Laterankonzils von 1215 stärkten die kirchliche Lehre und die Institution. Der Gedanke der Transsubstantiation wurde zum kirchlichen Dogma. Nach dieser Lehre verwandeln sich bei der Feier der Eucharistie Brot und Wein unter den Händen des von der Kirche geweihten Priesters in den Leib und das Blut Jesu, unabhängig davon, ob der Priester einen unwürdigen Lebenswandel führt oder nicht. Die jährliche Teilnahme an Kommunion und Ohrenbeichte wurde Pflicht. Die Gewissen ließen sich so überwachen, abweichende Gedanken frühzeitig erkennen. Häresien wurden verurteilt, Andersdenkende der neugegründeten bischöflichen Inquisition und der weltlichen Obrigkeit zur Bestrafung ausgeliefert. Zudem drohte die Kirche den Abweichlern mit jenseitigen Strafen. Man kann geradezu von einer «Geburt des Fegefeuers»[37] in dieser Zeit sprechen. Das Konzil von Toulouse verbot 1229 gar das Lesen der Bibel in der Landessprache und beugte so der Verbreitung der radikalen Nachfolge-Worte Jesu vor.

Gegen die mächtige, mit dem Adel verbündete Ketzer- und Armutsbewegung in Südfrankreich half nur brutale Gewalt. Zwei Jahrzehnte lang, von 1209 bis 1229, währte der Kreuzzug gegen die «Albigenser» genannten Katharer im katharischen Bistum Albi und im übrigen Languedoc. Der Zeitraum deckt sich recht genau mit der öffentlichen Wirksamkeit des Heiligen. Kirche und weltliche Machthaber gingen mit äußerster Brutalität vor; in Béziers zum Beispiel wurden in der Kirche über 7000 Menschen erschlagen, Männer, Frauen, Greise und Kinder. Am Ende der zwanziger Jahre war die Gegend zwischen Rhône und Pyrenäen verwüstet. Die Reste der katharischen Gemeinden hier und andernorts wurden Opfer der Inquisition, bei der kirchliche und staatliche Obrigkeiten Hand in Hand arbeiteten. Papst Gregor IX. installierte im Jahr 1232 die kirchliche Überwachungsbehörde als fortan päpstliche Inquisition. Im selben Jahr wurde die Ketzerverbrennung Reichsgesetz. Spätestens ab der Mitte des 13. Jahrhunderts hatte die Kirche für einige Zeit Ruhe, auch wenn sich Reste der Katharer noch knapp zweihundert Jahre, der Waldenser gar bis in unsere Gegenwart hielten.

Kultur

Neben den religiösen Traditionen wurden zwei kulturelle Strömungen für Franziskus wichtig, die höfische Kultur der Ritter und die frühbürgerliche Kaufmannskultur, die sich beide von der Herrschaft der Kirche zumindest teilweise emanzipierten.

Die Lebenszeit des Heiligen fällt in die Blütezeit der höfischen Kultur, welche sich seit Beginn des 12. Jahrhunderts von Südfrankreich aus über Europa verbreitete und eine wichtige Triebkraft für den Prozeß der Zivilisation darstellte.[38] Junge Adlige, zum Ritter geschlagen, ziehen hinaus, um im Turnier und im Krieg Ehre zu erlangen und eine vornehme Frau für sich zu gewinnen. Tapferkeit und Liebesfähigkeit gehören zum Ritterideal, das für breite Bevölkerungsschichten zum Vorbild wird. Zur höfischen Kultur gehören auch Dichtung und Musik. Adlige Dichter verfassen Romane und Epen. Troubadoure, fahrende ritterliche Sänger, besingen mit Streit- und Minneliedern den Kampf und die Liebe. Giraut de Bornelh (ca. 1175–1220) in Frankreich, Walther von der Vogelweide (ca. 1168–1228) und Wolfram von Eschenbach (ca. 1170–1220) in Deutschland sind Zeitgenossen des Franziskus. In seine Lebenszeit fallen die Blüte des Minnesangs mit Instrumentalbegleitung und der legendäre «Sängerkrieg» auf der Wartburg im Jahr 1209.

Den Stand des Kaufmanns hielt die Gesellschaft für ein notwendiges, zugleich aber lästiges Übel. Schon der Handel hatte im Bewußtsein «etwas Schimpfliches» an sich.[39] Noch verhaßter war jedoch der Geldverleih wegen des von der Kirche zwar verbotenen, aber dennoch praktizierten Wuchers. So führten viele Kaufleute ihre Geschäfte mit schlechtem Gewissen, und manche gingen kurz vor dem Tod noch in sich oder zogen sich ins Kloster zurück, nachdem sie reichlich vom Gerafften verteilt hatten, wie etwa der heiliggesprochene Homobonus. Eine Kultur im eigent-

Christliche Feudalherren bei der Austragung einer Fehde. Miniatur, um 1325

lichen Sinne entwickelte der Kaufmannsstand noch nicht, doch bekam die kaufmännische Jugend Unterricht in praktischen Dingen, im Lesen, Schreiben und Rechnen, in modernen Fremdsprachen für die Handelsbeziehungen und in Latein für die notariellen, lateinisch verfaßten Urkunden, mit denen man jeden größeren Kauf und Verkauf sowie den Geldverleih absicherte. Als wichtige kaufmännische Tugenden galten Arbeitsamkeit, Beharrlichkeit und Sparsamkeit.

Das Verhältnis zwischen Adel und Kaufleuten war gespannt. Der Adel sah auf den Kaufmannsstand herab, obwohl er ihn als Lieferanten von Waren und Steuerzahler brauchte. So konnte ein Ritter, Mitglied im Rat einer deutschen Stadt, seinem Kollegen, einem Kaufmann, die soziale Distanz zwischen ihren Ständen mit drastischen Worten bewußtmachen: «Obwohl auch der Wirt und die Schweine unter einem Dach leben, besteht zwischen ihnen keine Gemeinsamkeit.»[40] Umgekehrt versuchten viele Kaufleute, durch den Erwerb von Grundbesitz und Häusern, durch Teilnahme am Krieg oder an der Jagd den Lebensstil der Adligen nachzuahmen, vielleicht gar durch eine geschickte Heirat oder durch außergewöhnliche persönliche Verdienste der Familie den Aufstieg in den Adelsstand zu sichern.

Assisi

Die politischen und sozialen, die kirchlichen und kulturellen Verhältnisse der großen Welt spiegelten sich im Heimatort des Franziskus im kleinen.

Assisi liegt über dem Tal eines Tiber-Nebenflusses am Hang des Berges Subasio in Umbrien. Dank ihrer Lage an der wichtigen Handelsstraße von Perugia nach Foligno und weiter nach Spoleto besaß die Stadt große wirtschaftliche und strategische Bedeutung. Über ihre Geschicke sind wir durch Archive erstaunlich gut unterrichtet.

In der Stauferzeit wurde Assisi zum Spielball der Auseinandersetzungen zwischen Kaiser und Papst. Die Stadt versuchte, in diesem Streit möglichst viel Selbständigkeit zu gewinnen. In der Zeit, in der Franziskus geboren wurde, gehörte Assisi zum kaiserlichen Herzogtum Spoleto. Ein schwäbischer Adliger, zum Herzog von Spoleto aufgestiegen, errichtete in Assisi eine Zwingburg, die Rocca. 1198 beteiligte sich die Stadt am Aufstand gegen die Staufer. Die erhoffte Selbständigkeit erlangte Assisi jedoch nicht, der Kirchenstaat verleibte sich die Stadt ein. Im Städtekrieg mit Perugia, der von 1202 bis 1209 dauerte, unterlag Assisi im Kampf um die regionale Vorherrschaft.

Die politischen Auseinandersetzungen hatten zugleich eine soziale Komponente. Die einheimischen adligen Familien, die sich zuerst mit den deutschen Herren und später mit der Oberschicht von Perugia verbündeten, zwangen dem Bürgertum die «Herrendienstpflicht» auf, die im Feudalsystem üblichen Dienstleistungen und Abgaben. Für deren Abschaffung kämpften die Bürger beim Aufstand gegen die Kaiserherrschaft und beim Städtekrieg mit Perugia zuerst vergeblich, erreichten

Assisi. Im Vordergrund die mächtige Gedächtnisbasilika S. Francesco

Eine der zahlreichen alten Gassen Assisis

dann aber ihr Ziel und übernahmen auch die politische Macht in der Stadt. Die sozialen und politischen Auseinandersetzungen erlebte Franziskus in seiner Kindheit und Jugend als Augenzeuge und als Beteiligter mit.

Das Stadtbild Assisis glich dem der meisten Städte jener Zeit. Die Wahrzeichen der alten Epoche – Burg, Bischofspalais und Kathedrale – verbanden sich mit denen der neuen, mit Rathaus, Zollhalle und Manufakturgebäuden. Großgrundbesitz gab es unter den Einwohnern kaum, wohl aber bei den Benediktinern des Monte Subasio, die in der Stadt mehrere Häuser besaßen. Ein Markt wurde abgehalten, auf dem neben regionalen Erzeugnissen auch wertvolle Stoffe aus weit entfernter Produktion gehandelt wurden. Das Tuch, das in der Stadt selbst hergestellt wurde, war nicht von höchster Qualität. Die für kleinere Städte typischen Handwerker waren vertreten, man kannte auch Geldverleih und Wucher. Natürlich lebten auch Arme und Kranke in der Stadt. Das Spital, das man hier wie vielerorts errichtete, beherbergte jedoch oft mehr Reisende und Pilger als Bedürftige. Vom politischen und geschäftlichen Leben her war Assisi eine richtige Stadt, beinahe schon im modernen Sinne.

Assisi war jedoch keine Großstadt. Die Beziehungen der Menschen zueinander glichen eher denen eines Dorfes: Man kannte einander; was man tat, wurde öffentlich, und die soziale Kontrolle, der einzelne und Familien unterlagen, war dementsprechend stark. Assisi zeigte zugleich ein städtisches und ein dörfliches Gesicht. Dies war die Welt, in der Franziskus aufwuchs.

In Sünden

So hat der Herr mir, dem Bruder Franziskus, gegeben, das Leben der Buße zu beginnen: denn als ich in Sünden war, kam es mir sehr bitter vor, Aussätzige zu sehen. Und der Herr selbst hat mich unter sie geführt, und ich habe ihnen Barmherzigkeit erwiesen. Und da ich fortging von ihnen, wurde mir das, was mir bitter vorkam, in Süßigkeit der Seele und des Leibes verwandelt. Und danach hielt ich eine Weile inne und verließ die Welt.[41]

Der Kaufmann

Franziskus wurde 1182, vielleicht schon 1181, in Assisi als ältester von mindestens drei Söhnen der Familie Bernardone geboren und auf den Namen Giovanni getauft. Später ranken sich Legenden um seine Geburt, sie sollen ihn in die Nähe Jesu rücken. Einmal wird seine Ankunft von einem Engel angekündigt, ein anderes Mal soll er in einem Stall zur Welt gekommen sein. In Wirklichkeit gehörte die Familie zu den reichsten der Stadt. Der Vater Pietro, ein aufstrebender, ursprünglich aus Lucca stammender Kaufmann, importierte aus der Provence kostbare Stoffe, besaß in Assisi mehrere Häuser und eine Tuchhandlung, vielleicht auch eine Manufaktur. Zugleich war er wohl als Geldverleiher tätig. Die Mutter hieß Donna (Frau) Pica. Die Verhältnisse, in die Franziskus hineingeboren wurde, waren also angenehm. Später wurde Giovanni «Francesco» genannt, warum ist nicht ganz klar.

Über die Kindheit und Jugend des Franz wissen wir wenig Gesichertes, obwohl die Legenden manches über diese Phase seines Lebens berichten. Doch zeichnen diese Erzählungen die Entwicklung des Franziskus im Stile eines typischen Heiligenlebens und sind daher historisch nicht zuverlässig. Die erste Celano-Legende sieht den jungen Franz als Sünder und die Bekehrung als deutlichen Bruch, Bonaventura dagegen entdeckt schon im Knaben fromme, beinahe heilige Züge. Franziskus selbst hält sich bedeckt. Auf den ersten Blick scheint er dem Schwarzweißgemälde des Celano recht zu geben. Pauschal verurteilt er seine erste Existenz als ein Leben in Sünde. Auffällig aber ist, daß er die Sünde

Humiliatenmönche in Florenz beim Spinnen und Weben (oben links), Spannen und Ausbessern (oben rechts) und beim Verkauf von Wollstoffen. Kolorierte Zeichnungen, um 1350

nicht als verwerfliche Tat ansieht, vielmehr als Zustand, und daß er sie nicht unter moralischem, sondern unter ästhetischem oder auch psychologischem Blickwinkel betrachtet. Die Zeit vor seiner Lebenswende beschreibt er kurz und bündig mit der Feststellung, er habe sich damals geweigert, Aussätzige, ja vielleicht insgesamt die Schattenseiten des Lebens, Krankheit, Armut und Tod, genauer anzusehen, näher an sich heranzulassen. Er führte ein Leben der Leidverdrängung oder, positiv gewendet, ein Leben der Zufriedenheit, des Genusses, der Freude.

Mit aller Vorsicht läßt sich wohl folgendes Bild entwerfen: Franz lebt in geordneten, reichen Verhältnissen. Er ergreift den Beruf des Vaters, arbeitet im elterlichen Geschäft und entwickelt sich zu einem fähigen Mitarbeiter mit der Aussicht, das Unternehmen später zu erben. Er ist ein erfolgreicher junger Unternehmer. Daneben erwirbt er sich ein gewisses Maß an Bildung, lernt Französisch, wohl wegen der Handelsbeziehungen der Firma, daneben Latein, das damals dem Italienischen noch

Simone Martini: Spielleute. Fresko, um 1280. Assisi, Unterkirche von S. Francesco, Martinskapelle

näherstand als heute. Beide Fremdsprachen beherrschte er jedoch nicht perfekt. Lesen und Schreiben fielen ihm niemals leicht. Später diktierte er meist seine Briefe und Schriften. Gern bezeichnete er sich denn auch als einen Ungebildeten (*idiota*). Doch wollte er mit dem Begriff vielleicht nur ausdrücken, daß er ein Laie, kein studierter Kleriker war, oder er benutzte ihn als Ausdruck seiner Bescheidenheit. Denn so ungenügend sein Bildungsstand, gemessen an den Kenntnissen eines Gelehrten, auch war, so lag er doch deutlich über demjenigen seiner Kaufmannsgenossen. Offensichtlich bemühte sich Franz, seinen Horizont über den eines durchschnittlichen Kaufmanns hinaus zu erweitern.

Auch in anderer Hinsicht bricht Franz mit den Gepflogenheiten seines Standes: Er gehört zu den jungen Männern aus dem Bürgertum, die den höfischen Lebensstil nachahmen. Mit Geld geht er großzügig um und macht sich dadurch Freunde. Er sammelt eine Clique um sich und wird ihr Anführer. Er versucht sich als Spielmann nach dem Vorbild der Troubadoure aus dem Languedoc und der Provence, zieht mit seinen Freunden durch die abendlichen Straßen der Stadt, tanzt auf einem Platz, singt und spielt dann unter dem Balkon einer angebeteten Dame eine nächtliche Serenade. Er kleidet sich modisch, sogar extravagant. Eine Legende berichtet, er habe einen kostbaren und einen alten Stoff zu einem Kleidungsstück zusammennähen lassen, nur um aufzufallen. Es scheint, als habe Franz wie manche seiner Standesgenossen ernsthaft den Ehrgeiz, in den Adel aufzusteigen.

Eben jetzt versuchte das aufstrebende Bürgertum Assisis, angeführt von den wohlhabenden Kaufleuten, sich nicht nur individuell, sondern auch als Stand den gebührenden Einfluß zu verschaffen. Als Franz sechzehn Jahre alt ist, kommt es 1198 zum politisch und sozial motivierten Aufstand der bürgerlichen Schichten gegen den deutschen Kaiser und den einheimischen Adel. Vielleicht war Franz dabei, als die Bürger die Zwingburg schleiften, die Häuser der Vornehmen zerstörten und die Adligen zur Flucht zwangen. Für ein paar Jahre übernehmen die Bürgerlichen die Herrschaft in Assisi. Der Vater Pietro Bernardone wird im Rat der Stadt eine seiner finanziellen Situation angemessene Rolle gespielt haben. Möglicherweise hat sich auch sein Sohn Franz in dieser Zeit mit Politik beschäftigt. Zwanzig Jahre alt ist Franz, als 1202 der Städtekrieg ausbricht, bei dem die Adligen Assisis auf Perugias Seite gegen die Bürgerlichen der eigenen Stadt kämpfen. Zu Pferde, wie ein Ritter, nimmt Franz am Krieg teil, erlebt die Niederlage Assisis in der Schlacht von Collestrada, wird gefangen und in Perugia in Haft gesetzt. In der «Friedenscharta», in der 1203 die Sieger den Besiegten ihre Bedingungen diktieren, werden die sozialen Verhältnisse vor dem Aufstand wiederhergestellt, die Herrendienstpflichten wieder eingeführt. Zudem müssen die Bürger dem Adel bauliche und finanzielle Wiedergutmachung leisten. Neben der Härte ist auch Mäßigung zu erkennen. Der Vertrag enthält eine Klausel über die Generalamnestie der Aufständischen. Sie kommt auch Franz zugute, nach einjähriger Haft wird er nach Hause entlassen. Die ehrgeizigen Pläne der Bürger sind jedoch vollständig gescheitert.

Die Franziskus-Legenden erzählen von einer tiefen körperlichen, seelischen und geistigen Krise nach seiner Rückkehr. Dennoch nimmt Franz seine alten Pläne wieder auf. Mit dem ausdrücklichen Hintergedanken, für seine Dienste zum Ritter geschlagen zu werden, schließt er sich einem Kriegszug des Grafen Walter von Brienne an, der im Auftrag des Papstes in Apulien im südlichen Italien kämpft. Anschaulich erzählt eine alte Legende von einem Traum, in dem Franz einen Palast voller Waffen und Ritter sah. Franz habe den Traum mit den Worten kommentiert: «Ich weiß, daß ich noch ein großer Fürst sein werde.»[42] Die Realität aber steht dem schönen Wunschtraum entgegen. Bevor der Feldzug richtig beginnt, kehrt Franz wieder nach Hause zurück, wahrscheinlich, weil er krank wird.

Jetzt kommt es zur Lebenskrise: Die beiden Versuche, entweder selbst in den Adelsstand aufzusteigen oder, gemeinsam mit seinen Standesgenossen, den angemessenen politischen Einfluß zu gewinnen, sind gescheitert. Dennoch steht ihm das Leben eigentlich offen: Im Geschäft seines Vaters verdient er, was er für seinen üppigen Lebensstil braucht, auch für spätere Zeiten ist vorgesorgt. Franz will sich jedoch nicht mit diesem vorgezeichneten Lebensweg zufriedengeben. Und so macht er sich auf die Suche.

Der Aussteiger

Zwischen 1205 und 1208 wandelt sich Franz in einem langwierigen Prozeß. An die Stelle der bisherigen Lebensziele treten neue. Dabei ist diese Bekehrung keineswegs nur als radikaler Umbruch zu verstehen, so verblüffend andersartig sich gerade bei Franz die neue Lebensart auch zeigt. Vielmehr bleiben manche Grundstrukturen der Persönlichkeit erhalten.

Diese Wende ist nicht Folge eines jugendlichen Übereifers, wie zahlreiche Biographen behaupten. Mit über zwanzig Jahren ist Franziskus für die damalige Zeit kein Jugendlicher mehr, sondern ein gestandener Mann, zudem ein renommierter Kaufmann. Das macht den Bruch um so erstaunlicher.

Im Rückblick wird für Franziskus ein Ereignis zum Schlüsselerlebnis: der Umgang mit Aussätzigen. Aussatz, eine der schrecklichsten und seit den Kreuzzügen eine der verbreitetsten Krankheiten, rief in jener Zeit unter der Bevölkerung Südeuropas Panikstimmung hervor. Abgesondert in Leprosorien, wie sie jede größere Stadt außerhalb ihrer Mauern besaß, lebten die Kranken von der Außenwelt isoliert, ohne Hoffnung auf Heilung. Einzelne fromme Menschen, auch ganze Orden, zum Beispiel die Kreuzträger (Cruzigerer), wagten sich an die Pflege der Kranken, unter Einsatz des eigenen Lebens. In der Umkehr des Franziskus vom Ekel vor dem bloßen Anblick der Aussätzigen zur tatkräftigen Pflege der Todkranken verdichten sich sowohl die Ängste als auch die karitativen

Franziskus pflegt die Aussätzigen. Detail von einem Altar, 13. Jahrhundert. Florenz, Sta. Croce, Bardi-Kapelle

Bemühungen der Zeit. Dabei macht Franz eine tiefe Entdeckung: In dem Moment, in welchem er, der vom Schicksal Begünstigte, das Leid in der Welt nicht mehr totschweigt, verliert die Schattenseite des Lebens ihre Schrecken, sie gewinnt für ihn sogar *Süßigkeit*. Die neue, außergewöhnliche Erfahrung ist schwer zu bewältigen. Franz braucht Zeit und entzieht sich seinen bisherigen Pflichten vollständig. Er hält inne und verläßt die gewohnte Welt.

Die Legenden schmücken den Wandlungsprozeß aus, gliedern ihn in Stufen, verdichten die entscheidenden Wendepunkte zu anschaulichen Szenen, die nach dem Vorbild der Bekehrungsszenen biblischer und kirchengeschichtlicher Gestalten entworfen sind. Beim Feldzug in Apulien hört Franz im Traum eine Stimme, die fragt: «Warum [...] suchst du den Knecht statt des Herrn?»[43] Er wandelt sich vom Ritter zu einem Gefolgsmann Christi, unternimmt eine Wallfahrt nach Rom, verschenkt sein gesamtes Geld und versucht sich zur Probe als Bettler.

Anschaulich berichten die Legenden seine veränderte Einstellung zum Aussatz. Vor seiner Umkehr reitet Franz im Galopp an den Unterkünften der Ausgestoßenen vorbei, wendet den Blick ab und hält sich die Nase zu, um weder den Anblick noch den Geruch der Kranken ertragen zu müssen. Eines Tages aber, als ihm zufällig ein Aussätziger begegnet, hält er an, steigt vom Pferd, küßt dem Kranken die Hand, was man sonst nur bei Adligen tut, gibt ihm ein Almosen. Dann sucht er bewußt die Aussätzigenheime auf, küßt die Kranken und schenkt ihnen Geld, erweist ihnen Barmherzigkeit. Die Legende berichtet, ganz im Sinne der Selbstdarstellung des Franziskus: «Nach den Besuchen bei den Aussätzigen war er ein anderer Mensch geworden.»[44]

Nun demonstriert Franz seinen Protest gegen die Entwicklung der städtischen Gesellschaft, er überschreitet die Grenze des zivilisierten Lebens und begibt sich in die Einsamkeit der Wälder. Er betet und meditiert, lebt als Büßer und Einsiedler, doch meist in der Nähe von Kirchen, Kapellen und Priestern. In dieser Umgebung folgt die nächste Station der Wandlung. Bei einer Meditation vor dem Kreuzbild in der Kapelle von San Damiano vor den Toren Assisis sieht Franz in einer Vision den Gekreuzigten, hört ihn sagen: «Franziskus, siehst du nicht, daß mein Haus in Verfall gerät? Geh also hin und stelle es mir wieder her.»[45] Er gehorcht. Mehrere verfallene Kapellen und sogar Kirchen in der Gegend von Assisi soll er in der Folgezeit wieder instand gesetzt haben, drei Ka-

Giotto di Bondone: Das Gebet vor dem Kreuz von S. Damiano. Fresko, um 1295/1300. Assisi, Oberkirche von S. Francesco, Langhaus

pellen im Verlauf eines einzigen Jahres, darunter San Damiano, in der er die Kreuzvision hatte, und die später weltbekannt gewordene «Portiuncola»[46]. Doch werden hier symbolische Deutungen zu historischen Erzählungen. Die baumeisterlichen Fähigkeiten von Franz dürfen wohl nicht überbewertet werden. Bezeichnenderweise sprechen einige alte Legenden nur davon, daß er die Kapellen mit dem Besen säuberte und die Priester zum Sauberhalten der Gotteshäuser ermahnte. Sein Anliegen war somit ein Prozeß der Reinigung, der Läuterung in der Kirche.

Noch in anderer Hinsicht ist das Erlebnis vor dem Kreuzbild von San Damiano für die Wandlung des Franziskus bezeichnend: Das Leiden und Sterben Jesu läßt ihn nicht mehr los. «Von dieser Stunde an war sein Herz verwundet und wie aufgelöst im Gedächtnis an das Leiden des Herrn. So trug er, solange er lebte, immer die Wundmale des Herrn Jesus in seinem Herzen [...].»[47]

Ein Gebet ist uns überliefert, das Franz vor dem Kreuzbild gebetet haben soll. Wenn dies wahr ist, haben wir hier die erste authentische Äußerung des Heiligen vor uns: *Höchster, glorreicher Gott, erleuchte die Finsternis meines Herzens und schenke mir rechten Glauben, gefestigte Hoffnung und vollendete Liebe. Gib mir, Herr, das (rechte) Empfinden und Erkennen, damit ich deinen heiligen und wahrhaften Auftrag erfülle. (Amen.)*[48]

Franz spendet beachtliche Geldbeträge, nicht nur den Armen und Kranken, sondern auch den Geistlichen zur Renovierung und besseren Ausstattung der Kirchen. Eine Legende berichtet, daß er einmal eine größere Menge Tuch aus dem Geschäft seines Vaters zusammenraffte, auf den nächsten Markt ritt, die Ware samt dem Pferd verkaufte und den Erlös dem Priester von San Damiano anbot. Als dieser den Betrag aus Angst vor Vater Bernardone nicht annehmen wollte, soll Franz das Geld in einer Fensternische der Kirche deponiert haben. Die Szene, gewöhnlich als Beispiel für die Großzügigkeit des Franz herangezogen, könnte eine sehr konkrete soziale Bedeutung haben. Wenn sich jemand aus der Dienstherrenpflicht freikaufen wollte, sein Herr ihn aber nicht freigab und das Geld nicht annahm, gab es die Möglichkeit, den Freikauf auch ohne Einverständnis des Besitzers dadurch rechtsgültig werden zu lassen, daß man das Geld in einer Kirche deponierte – nichts anderes tat Franz, und war damit eine seiner wichtigsten bisherigen sozialen Bindungen los.

Eine weitere wichtige Lösung vom bisherigen Leben brachte der Bruch mit dem Elternhaus, der sich lange schon angebahnt hatte. Franziskus vernachlässigte immer offensichtlicher seine Berufspflichten, wohnte nicht mehr daheim, sondern allein oder bei Priestern und verteilte großzügig das väterliche Geld. Der Streit zwischen Vater und Sohn eskaliert, Franz wird vom Vater gefangengesetzt, von der Mutter wieder befreit, dann folgt der endgültige Bruch zwischen Vater und Sohn, in den

Giotto di Bondone: Der hl. Franziskus sagt sich vor dem Bischof von Assisi von seinem Vater los und gibt ihm alle Habe zurück. Fresko, um 1295/1300. Assisi, Oberkirche von S. Francesco, Langhaus

Legenden bildhaft in Szene gesetzt, in der Malerei der späteren Zeit mit Vorliebe dargestellt. Franz, vom alten Bernardone vors bischöfliche Gericht geladen, sagt sich vom Elternhaus los, verzichtet auf sein Erbe, legt gar die Kleider ab, alle, entblößt sich, steht öffentlich splitternackt da, bis ihn Bischof Guido von Assisi ins eigene Gewand hüllt. Dann sagt Franz: «Hört alle und versteht! Bis jetzt habe ich den Petrus Bernardone meinen Vater genannt; aber weil ich mir vorgenommen habe, Gott zu dienen, gebe ich jenem das Geld zurück, um dessentwillen er in Unruhe war, und dazu noch sämtliche Kleider, die ich von seiner Habe besaß. In Zukunft will ich sagen: Unser Vater, der du bist im Himmel […], nicht: Vater Petrus Bernardone.»[49] Als historischer Kern der unterschiedlichen Fassungen dieser Geschichte bleibt: Die Kluft zwischen etabliertem Vater und exaltiertem Sohn, zwischen Kaufmannsstand und Bußgewand ist nicht überbrückbar. Bewußt bricht Franz mit dem alten Bernardone, dem Vertreter des aufstrebenden Bürgertums, mit seinem Geld und seinem Besitz, mit seinen Geschäften und seiner gesellschaftlichen Stellung. Franz ist jetzt 25 Jahre alt. Er wird nie mehr nach Hause zurückkehren.

Ein letztes einschneidendes Erlebnis bringt ihn auf seinen eigenen Weg, unmißverständlich. Am Matthias-Tag, dem 24. Februar des Jahres 1208 (oder 1209), hört er in einer Predigt die Worte, mit denen Jesus seine Jünger zur Mission aussendet und ihnen gebietet, auf alles Überflüssige zu verzichten und nur die Kleider am Leibe mitzunehmen (Mt. 10,5 ff.). Franz ist tief beeindruckt. Er versteht die Bibelstelle wörtlich und lebt fortan in äußerster Armut.

Mehrere Jahre dauerte die Zeit des Umbruchs, jetzt, mit 26 Jahren, mitten im Erwachsenenleben, ist Franziskus gewandelt. Die Suche hat ein Ende. Franziskus verließ die Welt.

Wenn die Legenden den Wandlungsprozeß auch verdichten, überzeichnen und deuten, beschreiben sie den Vorgang der Loslösung im Kern doch treffend: Franz nimmt Abschied von seiner gesicherten großbürgerlichen Existenz. Dazu ist die Abkehr vom Elternhaus, von den bisherigen sozialen Bindungen, vom Reichtum notwendig und ebenso die Hinwendung zu Armut und Krankheit, Leid und Tod. Es ist interessant, daß Franz seine Wende genau in demselben Zeitraum vollzieht, in welchem sich die Interessen seines Standes in Assisi durchsetzen. Was nämlich im Aufstand, an dem sich Franz damals beteiligte, auf gewaltsamem Wege nicht erzwungen werden konnte, gelingt jetzt vollständig, auf unblutige Weise. Der Einfluß des Bürgertums, allen voran der Großkaufleute vom Schlag seines Vaters, wird so erdrückend, daß der Adel seine politische Macht innerhalb weniger Jahre weitgehend einbüßt. In einer neuen Friedenscharta aus dem Jahr 1210 diktieren die beim ersten Friedensschluß von 1203 Besiegten die Bedingungen. Festgeschrieben wird die Möglichkeit, sich mit einer geringen Summe von der Dienstherrenpflicht loszukaufen. Die Bürger aber, die durch den Aufstand und die Reparationsleistungen an den Adel in finanzielle Not geraten waren, erhalten jetzt eine finanzielle Wiedergutmachung aus der Stadtkasse. Dies kommt einer massiven rechtlichen und finanziellen Umverteilung zugunsten der bürgerlichen Schicht gleich. In derselben Zeit also, in der sich das Geld seines Vaters in politische Macht verwandelt, sagt sich Franz vom Geld los. Jetzt hätte er alles haben können, was er sich früher erträumte. Doch er wollte nicht mehr.

Franz verläßt aber nicht nur die Welt seines Vaters, sondern in gewisser Weise auch die des traditionellen Christentums. In einem ersten Schritt nahm seine Frömmigkeit traditionelle kirchliche Formen an. Er lebte als Eremit und Büßer, als Diakon und als Gehilfe von Priestern. Nun geht er weiter. Bezeichnenderweise schließt er sich nicht einem der bestehenden Mönchsorden an, was eigentlich nahegelegen hätte, aber auch nicht einer der Gruppen der Armutsbewegung. Alle gewohnten ge-

Kutte des Franziskus.
Reliquie des Heiligen in der Basilika S. Francesco in Assisi

sellschaftlichen, kirchlichen und religiösen Rollen streift er ab wie die dazugehörenden Kleider. Die modische Kaufmannskleidung und die schützende Ritterrüstung tauschte er ein gegen das Gewand des Priestergehilfen und das schlichte Büßerhemd. Jetzt aber verzichtet er auf alles, auf Tasche, Stab und Sandalen, kommt barfuß und in einer geflickten Kutte ärmer daher als die Mitglieder der Armutsbewegung. Nirgends schließt sich Franz an, er will etwas Eigenständiges, Neues. Einer Legende zufolge erklärte er einst: «Und der Herr hat mir gesagt, er wolle, daß ich ein neuer Narr sei in der Welt.»[50]

Ein neuer Narr

Und der Herr gab mir in den Kirchen einen solchen Glauben, daß ich in Einfalt so betete und sprach: «Wir beten dich an, Herr Jesus Christus – und in allen deinen Kirchen, die in der ganzen Welt sind, und preisen dich, weil du durch dein heiliges Kreuz die Welt erlöst hast.»

Danach gab und gibt mir der Herr einen so großen Glauben zu den Priestern, die nach der Vorschrift der heiligen Römischen Kirche leben, wegen ihrer Weihe, daß ich, wenn sie mich verfolgen würden, bei ihnen Zuflucht suchen will. Und wenn ich so große Weisheit hätte, wie Salomon sie gehabt hat, und fände armselige Priester dieser Welt – in den Pfarreien, wo sie weilen, will ich nicht gegen ihren Willen predigen. Und diese und alle anderen will ich fürchten, lieben und ehren wie meine Herren. Und ich will in ihnen die Sünde nicht sehen, weil ich den Sohn Gottes in ihnen erblicke und sie meine Herren sind. Und deswegen tue ich das, weil ich leiblicherweise von ihm, dem höchsten Sohn Gottes, in dieser Welt nichts sehe als seinen heiligsten Leib und sein heiligstes Blut, das sie selbst empfangen und sie allein den anderen darreichen. Und diese heiligsten Geheimnisse will ich über alles hochgeachtet, verehrt und an kostbaren Stellen aufbewahrt wissen. Die heiligsten Namen und seine geschriebenen Worte will ich, wo immer ich sie an ungeziemenden Stellen finden werde, auflesen und bitte, daß sie aufgelesen und an einen ehrbaren Ort hingelegt werden. Und alle Gottesgelehrten und die Gottes heiligste Worte mitteilen, müssen wir hochachten und verehren als die uns Geist und Leben mitteilen […].[51]

Neues Leben

Franziskus ist ein neuer Mensch, mit 26 Jahren. Mehr als die Hälfte seiner Lebenszeit liegt hinter ihm. Konsequent will er dem Meister nachfolgen.

Jesus hatte seine Jünger dazu aufgefordert, ihre Familien, den festen Wohnsitz und allen Besitz hinter sich zu lassen und arm hinauszuziehen, um das Reich Gottes in Tat und Wort zu verkündigen. Genau das tut Franziskus.

Pietro Ansano (Pietro di Sano): Allegorische Darstellung der Hochzeit des Franziskus mit der Nächstenliebe, der Armut und der Demut. Chantilly, Musée Condé

Immer wieder zieht er sich zurück zu Gebet, Askese und innerer Sammlung, häufig bei der Kapelle «Portiuncola», dann bricht er auf in die Welt, hilft Aussätzigen und Armen und predigt öffentlich, aber nur mit Erlaubnis des zuständigen Priesters und Bischofs.

Die Armut beginnt er zu lieben, nennt sie im Stile der Minnesänger ehrfürchtig seine *Herrin Armut* (*donna povertà*)[52]. Charakteristisch für sein Armutsverständnis ist, daß er sich bei den Grundbedürfnissen des Menschen, bei Nahrung, Kleidung und Obdach, auf das absolut notwendige Existenzminimum beschränkt und dabei auf Jesus verweist.[53]

Trotz seiner Armut lebt Franziskus normalerweise nicht vom Bettel, sondern von einem Handwerk. Vielleicht hatte er in der Manufaktur seines Vaters das Weben gelernt. Für seine Dienste nahm er Lebensmittel an, nie jedoch Geld.

LAVERNA
BIBBIENNA
Arno
SANSEPOLCRO
MONTE CASALE
AREZZO
CITTA DI CASTELLO
GUBBIO
CELLE DI CORTONA
Tevere
ISOLA MAGGIORE
PASSIGNANO
ISOLA MINORE
Lago Trasimeno
SATRIANO
PERUGIA
P. S. GIOVANNI
ASSISI
ARMENZANO
Tescio
SARTEANO
S. DAMIANO
CARCERI
BASTIA
RIVOTORTO
S. MARIA D'ANGELI
PANZO
S. BENEDETTO
CETONA
SPELLO
Monte Subasio
CANNARA
FOLIGNO
MONTE FALCO
TREVI
ORVIETO
TODI
BASCHI
SPOLETO
MONTE LUCO
TERNI
POGGIO BUSTONE
NARNI
S. URBANO
Lago di Piediluco
GRECCIO
VITERBO
ORTE
LA FORESTA
RIETI
N
O
E
S
FONTE COLOMBO

Umbrien

Cimabue: Thronende Maria mit dem Kind, Engeln und dem heiligen Franziskus. Fresko, um 1280. Assisi, Unterkirche von S. Francesco, Kreuzgang

Die Predigten des Franziskus sind kurz und schlicht und wenden sich an einfache Menschen. Ein Augenzeuge berichtet aus späterer Zeit: «Als ich in Bologna im Studium war, sah ich im Jahr 1222 […] den heiligen Franziskus predigen auf dem Platz vor dem Rathaus, wo fast die ganze Stadt zusammengekommen war. Die Einleitung seiner Predigt aber war: ‹Engel, Menschen, Dämonen.› […] Er sprach aber nicht wie ein in Beredsamkeit ausgebildeter Redner, sondern wie ein einfacher

Mann aus dem Volk.»[54] Mitunter soll Franziskus im Dom von Assisi gepredigt haben. Predigend zieht er dann durch die Gegend, zuerst durch seine umbrische Heimat, später durch ganz Mittelitalien, dann, über die Grenzen Italiens hinaus, weitet er schließlich seinen Aktionsradius aus auf die gesamte damals bekannte Welt.

Was für ein Mensch ist dieser Franziskus? Mancher Charakterzug zeigt sich vor und nach der Bekehrung. Als junger Mann wie als Erwachsener besaß Franz ein großes Selbst- und Sendungsbewußtsein, er ist eine Art «Führerfigur», dem es gelingt, bei Menschen einen bleibenden Eindruck zu hinterlassen, Freunde um sich zu scharen. Auf der anderen Seite beugt er sich größeren Autoritäten, wenn auch nicht ohne Widerspruch. Die Lösung vom Vaterhaus, bei der er sich unter den Schutz des Bischofs stellte, bedeutete im Grunde nur einen Austausch von Autoritäten. Bischof Guido, für die weitere Entwicklung des Franziskus von größter Bedeutung, wird für ihn eine Vaterfigur.[55] Franziskus ist gegenüber Mächtigeren zum Gehorsam bereit und verlangt zugleich von Menschen, deren Führer er ist, Gehorsam. In Gegensatz zu dieser bei Franziskus angelegten autoritären Struktur tritt sein tiefes Bedürfnis nach einem brüderlichen, gleichberechtigten Verhältnis unter den Menschen. Zu unterschiedlichen Zeiten seines Lebens scheinen sich die einander widersprechenden Tendenzen in verschiedenem Maß durchgesetzt zu haben.

In seinem Charakter vereinigte Franz sehr unterschiedliche, zum Teil auch gegensätzliche Züge. Er war ein lebensbejahender Mensch, der sich gern freute, vor und nach seiner Bekehrung. Er war sensibel, mitunter depressiv. Wie nahe ekstatische Ausgelassenheit und tiefste Trauer beieinanderlagen, erzählt eine alte Legende: «Die süßeste Melodie des Geistes, die in ihm glühte, trat in französischen Lauten nach außen, und die Ader göttlichen Flüsterns, die verstohlen sein Ohr aufnahm, brach in französische Jubelworte aus. Dann begleitete er sich wohl zum Scheine selbst auf der Viola, bisweilen nahm er [...] ein Stück Holz von der Erde auf, legte es auf den linken Arm und hielt in der Rechten einen mit einem Faden gespannten Stab. Den zog er über das Holz wie auf einer Viola und sang, die passenden Gesten dazu machend, auf Französisch vom Herrn. Häufig endeten diese Dreischrittstänze in Thränen und der Jubel verkehrte sich in eine Mitleidsklage um das Leiden des Herrn.»[56] Franz war ein poetischer und musischer, ein phantasie- und gefühlvoller Mensch. Er konnte aber auch rechnen, planen und organisieren, als Kaufmann hatte er das gelernt. Er war extrovertiert, hielt sich gern unter Leuten auf, kannte jedoch auch die Phasen des Rückzugs in die Einsamkeit. Er hatte Humor, spielte den unterhaltsamen Narren, und zeigte zugleich einen tiefen Ernst.[57] Er besaß ein ausgesprochenes Gefühl für Schönheit und Ästhetik. Er dachte eher assoziativ als streng logisch. Er liebte seine Heimat, Assisi und seine Umgebung. Auch als er ein Wanderleben führte, kehrte er immer wieder dorthin zurück und starb an dem Ort, an dem er zur Welt gekommen war.

Obwohl Franz in seinem autobiographischen Testament der Versuchung teilweise erliegt, von sich selbst ein Heiligenklischee zu entwerfen, kennt und bekennt er in seiner Ehrlichkeit gegen sich und andere die Spannungen in der eigenen Person doch genau und die eigenen Schwächen. Ungeliebte Seiten lehnt er ab, sieht sie als «Sünde» und kämpft gegen sie an. Zahlreiche Legenden schmücken die inneren Kämpfe, die Versuchungen und Anfechtungen des Franziskus aus, wie bei allen Heiligen. Eine Geschichte erzählt, er habe zur Strafe dafür, daß ihm der offene Umgang mit Aussätzigen noch immer nicht zur Selbstverständlichkeit geworden war, gemeinsam mit einem Aussätzigen aus einer Schüssel gegessen, wobei aus den Wunden des Kranken ständig Blut in die Schlüssel tropfte. Manche der Kämpfe führen zum Sieg, wie Franziskus im *Gruß an die Tugenden* formuliert: *Die heilige Liebe macht alle teuflischen und fleischlichen Versuchungen und alle fleischlichen Ängste […] zuschanden.*[58] Immer wieder aber fühlt er sich als der Unterlegene, als Sünder: *Überdies bekenne ich […] alle meine Sünden. In vielem habe ich durch meine schwere Schuld gefehlt, besonders weil ich die Regel, die ich dem Herrn versprochen, nicht gehalten habe, und auch das Stundengebet, wie es die Regel vorschreibt, nicht verrichtet habe, sei es aus Nachlässigkeit, sei es aus Anlaß meiner Krankheit, sei es, weil ich unwissend und ungebildet bin.*[59] Franz ist ein aufrichtiger Mensch.

Dabei mußte sich Franziskus zu seinem neuen Leben im Grunde nicht zwingen. Der Verlust des gewohnten Luxus war für ihn zugleich ein Gewinn. In der Geschichte von der *Vollkommenen Freude* zeichnet Franziskus diese Dialektik in einem anschaulichen Bild. *Ich kehre von Perugia zurück, und in tiefer Nacht komme ich hierher, und es ist Winterszeit, schmutzig und so kalt, daß die kalten Wassertropfen am Saum des Habits gefrieren und immer an die Schienbeine schlagen, und das Blut aus diesen Wunden fließt. An einer Tür bitte ich um Aufnahme, werde aber abgewiesen. Ich sage […]: Wenn ich Geduld habe und nicht erregt werde, daß darin die wahre Freude ist und die wahre Tugend und das Heil der Seele.*[60]

Altes Denken

In seinem Leben durchbricht Franziskus alle Schranken, seine Theologie aber bewegt sich vielfach in gewohnten Bahnen.

Einfach ist sein Verständnis der Bibel. Die Aussagen Jesu versteht er wörtlich. Wenn der Meister in seiner Aussendungsrede zu den Jüngern sagt: «Steckt nicht Gold, Silber und Kupfermünzen in euren Gürtel»[61], so verschenkt Franz sein Geld und zieht los, ohne einen Pfennig in der Tasche.

Der gelehrten, wissenschaftlichen Theologie steht Franziskus kritisch gegenüber, er sieht sich als *Bruder Einfalt*, setzt im *Gruß an die Tugenden* die Einfalt der Weisheit gleich: *Sei gegrüßt, Königin Weisheit, der Herr erhalte dich mit deiner Schwester, der heiligen reinen Einfalt.*[62] Die Religiosität des Franziskus sollte weit mehr als gelebte Frömmigkeit denn als gelehrte Theologie verstanden werden.

Gott ist der liebende Vater, an den sich die Menschen im Gebet vertrauensvoll wenden, vor allem im Vaterunser. Gott ist nah und erhaben zugleich, wie am *Lobpreis Gottes* deutlich wird:

Du bist der heilige Herr, der alleinige Gott […].
Du bist der Starke.
Du bist der Große […].
Du bist der Erhabenste […].
Du bist die Liebe, die Minne. […]
Du bist die Schönheit. […]
Du bist die Freude. […]
Du bist unsere ganze Wonne.[63]

Gott ist auch der zürnende und strafende Richter, der beim Jüngsten Gericht über die Menschen das Urteil fällt, der jetzt schon straft und sich dazu der Dämonen bedient wie die irdische Obrigkeit der Polizei.

Der Mensch ist Gottes Ebenbild, gut erschaffen, durch den Sündenfall von Gott abgefallen, in Christus erlöst. Hier gewinnt für Franziskus die Demut als geistliches Gegenstück zur materiellen Armut eine zentrale Bedeutung. Im *Gruß an die Tugenden* schreibt er: *Herrin, heilige Armut, der Herr erhalte dich mit deiner Schwester, der heiligen Demut.*[64] Demut als Armut im Geiste meint, daß der Mensch auf sich selbst, auf seine guten Taten, nicht stolz sein soll, da Gott im Menschen das Gute vollbringt. Die Belohnung erhält der Mensch später, beim Jüngsten Gericht. Wer auf seine Leistungen stolz ist, nimmt diesen letzten Urteilsspruch selbstherrlich vorweg und bringt sich damit selbst um den Lohn.

Jesus Christus ist der Erlöser, der die Menschen durch seinen Tod am Kreuz errettet, und das Vorbild, dessen Leben die Menschen nachahmen sollen. Neben dem Sterben Jesu wird seine Fleischwerdung (Inkarnation) zum zentralen Ereignis, Weihnachten neben Karfreitag zum wichtigsten kirchlichen Fest. Nach der Legende soll Franziskus einmal in dem kleinen Flecken Greccio eine ganz besondere Weihnachtsfeier mit Krippe, Ochs und Esel zelebriert haben.

Wem die Geburt Jesu von so großer Bedeutung ist, dem wird Jesu Mutter wichtig. Franz verehrte Maria innig. Im *Gruß an die selige Jungfrau Maria* spricht er von ihr wie ein ritterlicher Sänger von seiner angebeteten *Herrin*:

Sei gegrüßt, Herrin, heilige Königin, heilige Gottesmutter Maria […].
Sei gegrüßt, du sein Palast.
Sei gegrüßt, du sein Gezelt.
Sei gegrüßt, du seine Wohnung. […]
Sei gegrüßt, du seine Mutter.[65]

Petrus Christus: Das jüngste Gericht. Außenflügel eines Triptychons. Freie Kopie nach Jan van Eyck, 1452. Berlin, Staatliche Museen Preußischer Kulturbesitz, Gemäldegalerie

Giotto di Bondone: Die Weihnachtsfeier von Greccio. Fresko, um 1295/1300. Assisi, Oberkirche von S. Francesco, Langhaus

Die Kirche ist der Ort, an dem Christus heute sichtbar wird, in Brot und Wein bei der Eucharistie. In der Messe wird der Opfertod Jesu noch einmal vollzogen. Im *Brief an die Kleriker* schreibt Franziskus: *Nichts haben und sehen wir nämlich leiblich in dieser Weltzeit von ihm, dem Allerhöchsten selbst, als den Leib und das Blut, die Namen und Worte, durch die wir geschaffen und «vom Tode zum Leben» […] erlöst sind.*[66] Da die Priester die Eucharistie zelebrieren, achtet Franziskus sie hoch, er spricht davon, daß er geradezu an sie *glaubt*. Da die Priester Menschen und damit Sünder sind, ermahnt sie Franziskus: *Seht eure Würde, ihr Brüder […] Priester, und seid heilig, weil er selbst heilig ist!*[67] Besonders die Amtshandlungen sollen sie in würdiger Weise vollziehen und die dafür notwendigen Dinge mit Ehrfurcht behandeln. Immer wieder betonte Franziskus, der die Armut so liebte, daß die Abendmahlsgeräte nicht prunkvoll genug untergebracht werden könnten.

Die Zukunft bringt die Wiederkunft Christi, das Jüngste Gericht und das Reich Gottes. In der *Auslegung zum Vaterunser*, die allerdings nur in Teilen auf ihn selbst zurückgeht, gebraucht er die Vorstellung vom Reich Gottes in zweifacher Weise. In der Gegenwart herrscht Gott in den Menschen, in der Zukunft aber vollendet er seine neue, allumfassende Herrschaft: *Dein Reich komme: damit du in uns durch die Gnade herrschest und uns in dein Reich kommen lassest, wo ist die unverhüllte Anschauung deiner selbst, die vollkommene Liebe zu dir, die selige Gemeinschaft mit dir, das ewige Genießen deiner selbst.*[68] Franziskus erhoffte das Kommen Christi und die Errichtung der Herrschaft Gottes für die allernächste Zukunft. Seine eigene Epoche bezeichnete er als *diese letzte Zeit*. Die Naherwartung ist ein wichtiges Merkmal seiner Theologie.

Nicht einfach zu beantworten ist die Frage, wie Franziskus seine eigene Rolle in diesem göttlichen Heilsplan versteht. Er unterschreibt mitunter mit einem T, das einem Kreuz ähnlich sieht. Er folgt seinem Meister bis in die Nähe der Identifikation. Er ist mehr als nur Nachfolger, er wird anderen zum Vorbild wie ein Meister. Er möchte die Kirche, die christliche Welt reformieren. Vielleicht sieht er sich gar als Vorläufer des wiederkommenden Christus. Eine alte Legende erzählt, Franziskus habe einer Gruppe von Räubern auf die Frage, wer er sei, geantwortet: «Der Herold des großen Königs bin ich!»[69]

Die Theologie des Franziskus ist, wie gesagt, wenig originell. Mit seiner Hochschätzung der Priester und der Sakramente nimmt er die offizielle kirchliche Lehre auf, mit seiner Lehre von den Engeln und Dämonen die Volksfrömmigkeit seiner Zeit, mit seiner Betonung von Nachfolge und Besitzlosigkeit die zentralen Anliegen der Armutsbewegung. Manche zusätzlichen Parallelen zum Waldensertum sind auffällig. Petrus Waldes war Kaufmann wie Franziskus, bei der Bekehrung der beiden spielte die Aussendungsrede Jesu eine zentrale Rolle. Dennoch setzte sich Franziskus von den Armutsbewegungen entschieden ab. Bei ihm unterbleibt jede Kritik an der Amtskirche. So betont er in seinem Testament, daß er ganz bewußt die Augen vor den Sünden der Priester verschließe. Ein von einem unwürdigen Priester gespendetes Sakrament hat für ihn volle Gültigkeit.

Von den Katharern grenzt sich Franziskus scharf ab. Während sie Schöpfung, Inkarnation Christi und Zeitlichkeit des Menschen abwerten, liebt er die Natur, betont die Fleischwerdung Gottes und engagiert sich in der Welt. Manche seiner Schriften sind deutliche Polemiken gegen die Katharer, etwa sein *Brief an die Gläubigen*, in dem er schreibt: *Dieses Wort des Vaters, so würdig, so heilig und glorreich, hat der allerhöchste Va-*

Handschriftlicher Segen von Franziskus für Bruder Leo. Die Unterschrift (T) erinnert an das Kreuz Jesu. Assisi, Basilika S. Francesco

ter […] in den Schoß der heiligen und glorreichen Jungfrau Maria gesandt. Aus ihrem Schoß hat er das wirkliche Fleisch unserer Menschlichkeit und Gebrechlichkeit angenommen. […] Dieses Vaters Wille war der, daß sein gebenedeiter und glorreicher Sohn […] sich selbst durch sein eigenes Blut als Opfer und Gabe auf dem Altare des Kreuzes darbringen sollte; […] für unsere Sünden, indem er uns ein Beispiel hinterließ, damit wir seinen Fußspuren folgen […]; und von ihm [dem Priester] laßt uns den Leib und das

Blut unseres Herrn Jesus Christus empfangen. Wer sein Fleisch nicht ißt und sein Blut nicht trinkt […] kann nicht in das Reich Gottes eingehen […].[70] Verschlüsselt spricht er in seinem Testament über die Ketzer. Wenn Priester ihn verfolgen, sagt Franziskus, wolle er doch eben bei ihnen Zuflucht suchen. Vor dem Hintergrund der Albigenserkriege gewinnen diese Worte eine makabre Bedeutung: Die Häretiker sollen zur Kirche zurückkehren, sich ihr fügen – oder eben verfolgt werden. Durch eine scharfe Abgrenzung stellt Franziskus die eigene Rechtgläubigkeit unter Beweis und rechtfertigt das Vorgehen der Kirche gegen die Dissidenten. Doch sieht Franziskus seine eigene Aufgabe nicht in der Ketzerbekämpfung, im Gegensatz zu seinem Zeitgenossen Dominikus (1170–1221). Nicht Ketzer für die Kirche, sondern Menschen für die Nachfolge möchte er gewinnen.

Friede

Für Franziskus sind drei Horizonte, die auch heute wieder Aktualität gewinnen, besonders wichtig: die Frage nach der Gerechtigkeit, nach dem Frieden und nach dem Naturverhältnis des Menschen. Zu allen Bereichen äußert sich Franziskus entschieden, aber nicht immer widerspruchsfrei.

Mehr zu haben als der ärmste Arme versteht Franziskus als Raub, wenn er nach einer Legende sagt: «Ich will kein Dieb sein, als Diebstahl würde es uns angerechnet, wenn wir […] nicht dem noch Dürftigeren gäben.»[71] Gerechtigkeit besteht für ihn im Teilen. Eine alternative Wirtschaftsform, wie sie etwa die Humiliaten anstrebten, kam Franziskus nicht in den Blick. Dabei ist sein Armutsverständnis keineswegs naiv. Sehr deutlich sah er etwa den Zusammenhang von Besitz und Gewalt, wenn er nach einer alten Tradition einst zu Bischof Guido von Assisi sagte: «Herr, wenn wir irgendwelches Eigentum besitzen würden, so müßten wir unbedingt zu unserem Schutz auch Waffen haben. Daraus entstehen aber Streitigkeiten und Zank, und dadurch wird die Liebe Gottes und des Nächsten gewöhnlich stark gehemmt. Und deshalb wollen wir in dieser Welt nichts Irdisches besitzen.»[72] Immer wieder scheint Franziskus auch sehr konkret zu den sozialen Spannungen seiner Zeit Stellung zu beziehen. Als ihn eines Tages in Perugia eine Gruppe von Soldaten bei einer Predigt, die er dem Volk hielt, ständig störte, drohte er ihnen und den feudalen Herren, in deren Diensten sie standen: «Der Herr hat euch groß gemacht und euch über all eure Nachbarn erhoben. […] Aber euer Herz hat sich erhoben in eurem Übermut und Stolz und in eurer Stärke, und ihr plündert eure Nachbarn aus […]. Deshalb sage ich euch: Wenn ihr euch nicht schnell zu ihm bekehrt und die zufriedenstellt, die ihr geschädigt habt, wird der Herr, der nichts ungerächt übrigläßt, euch einer gegen den andern aufstehen lassen zur größeren Rache und Strafe und zu eurem Vorwurf. Und durch heftigen Aufstand werdet ihr […] große Not erleiden […].»[73] Mit seiner politischen Analyse behielt Franziskus recht. Tatsächlich entluden sich die sozialen Spannungen auch in Perugia immer wieder im Bürgerkrieg.

Franziskus predigte den sozialen und den politischen Frieden, wie ein Chronist berichtet: «Alle seine Worte liefen darauf hinaus, die Feindschaft auszulöschen und den Friedensbund wieder aufzubauen.»[74] Daß diese Friedenspredigt durchaus konkret und unmittelbar politisch gemeint war, zeigt der weitere Bericht des zitierten Augenzeugen, in dem davon die Rede ist, daß auf die Predigt des Franz hin die verfeindeten Gruppen der Stadt Verhandlungen aufnahmen und zu einem Friedensvertrag fanden. Auch die Legenden erzählen, daß die Predigten des Franziskus vor allem den Frieden zum Inhalt hatten: «Bei jeder Predigt flehte er, bevor er den Versammelten das Wort Gottes vorlegte, den Frieden herab mit den Worten: ‹Der Herr gebe euch den Frieden!› Diesen Frieden verkündigte er allzeit mit größter Liebesglut […].»[75] Widersprüchlich ist Franziskus aber auch hier, wenn er einerseits völlig gewaltlos an einem Kreuzzug gegen den Islam teilnimmt, andererseits aber die Gewalt gegen die Ketzer in den Albigenserkreuzzügen nicht verurteilt zu haben scheint.

Friede soll nicht nur unter den Menschen herrschen, sondern auch zwischen Mensch und Natur. Das Schöpfungsverständnis des Franziskus ist einzigartig. «Der selige Franziskus war versunken in die Liebe Gottes und sah […] in jedem Geschöpf die Güte Gottes in ihrer Vollkommenheit; darum hing er mit besonderer und inniger Liebe an allen Geschöpfen […].»[76] Bei aller Absage an die Welt «hatte er doch […] seine Freude an den Dingen, die in der Welt sind, und nicht einmal wenig»[77].

Die Legenden verdichten das Naturverhältnis des Franziskus zu eindrücklichen, weithin bekannten Szenen. Da predigt Franziskus den Vögeln, die schnell zu zwitschern aufhören und aufmerksam lauschen: «Meine Brüder Vögel! Gar sehr müßt ihr euren Schöpfer loben und ihn stets lieben; er hat euch Gefieder zum Gewand, Fittiche zum Fluge und was immer ihr nötig habt, gegeben. Vornehm machte euch Gott unter seinen Geschöpfen und in der reinen Luft bereitete er euch eure Wohnung. Denn weder säet noch erntet ihr und doch schützt und leitet er euch, ohne daß ihr euch um etwas zu kümmern braucht.»[78] Dort bekehrt er einen reißenden Wolf, der die Stadt Gubbio terrorisiert. Nachdem er dem Wolf eine eindringliche Bußpredigt gehalten und ihn darauf hingewiesen hat, daß es ein todeswürdiges Verbrechen ist, Menschen zu töten, schlägt er vor: «Bruder Wolf, ich will Frieden stiften zwischen ihnen und dir: Keine Übeltat und kein Leid wirst du ihnen ferner zufügen, sie aber werden dir deine bisherigen Untaten vergeben […].» Der Wolf akzeptiert den Friedensvertrag. «Der Wolf ließ sich auf die Knie nieder, senkte

Giotto di Bondone: Der hl. Franziskus predigt den Vögeln.
Fresko, um 1295/1300. Assisi, Oberkirche S. Francesco, Langhaus

den Kopf und gab mit seinen Gebärden, mit seinem Schwanz und seinen Ohren, so gut er nur konnte, zu verstehen, daß er jegliche Abmachung halten wolle.» Er hob «seine rechte Pfote und legte sie in die Hand des Heiligen Franziskus. […] Hernach lebte der Wolf noch zwei Jahre lang in

Gubbio. Lammfromm wanderte er von Tür zu Tür und begab sich in die Häuser, ohne jemandem ein Leid zu tun oder es an sich zu erfahren.»[79]

In den Legenden sieht die Beziehung des Franziskus zur Natur reichlich sentimental und unrealistisch aus. Doch wird hinter den Erzählungen eine Naturauffassung sichtbar, die sehr ernst zu nehmen ist. Franziskus durchbricht das gängige Naturverständnis, das von einer Herrschaft des Menschen über die Welt ausgeht, und setzt sein Denken in die Tat um. Nach den Legenden befreit er gefangene Tiere, liest die Würmer vom Wege auf, sorgt im Winter für die Bienen. Er verbietet, Bäume an den Wurzeln abzuhauen, damit sie wieder ausschlagen können; er gibt Gärtnern den Rat, das Unkraut, das um den Garten herum wächst, nicht zu jäten. Franz wendet sich der Natur freundlich zu, er versucht, sie zu schützen. Kein Herrschaftsverhältnis soll zwischen Mensch und Natur bestehen, sondern eine Verwandtschaftsbeziehung. Und dies vor dem Hintergrund der damaligen Zeit: Der mittelalterliche Mensch erlebte nicht nur die freundliche Seite der Natur. Wiederkehrende Hungersnöte bedrohten die Menschen, Insekten und Krankheiten waren eine ständige Plage, in Umbrien gab es noch Wölfe. Von den Zeitgenossen Waldes und Dominikus sind keine Tiergeschichten überliefert, Franziskus steht mit seinem innigen Naturverhältnis nicht nur in seiner Zeit, sondern nahezu in der gesamten Geschichte des Christentums einzigartig da.

Nach einer frühen Tradition ist das Naturverhältnis des Franziskus auch politisch geprägt. Er möchte gern ein Gesetz zum Naturschutz erwirken, das den in Italien so beliebten Vogelfang einschränkt, zum Teil gar verbietet: «Wenn ich mit dem Kaiser sprechen könnte, würde ich ihn bitten, aus Liebe zu Gott ein besonderes Gesetz aufzustellen, wonach niemand unsere Schwestern, die Lerchen, fangen, töten oder sie sonst belästigen dürfte.»[80]

Selbstverständlich schloß sein Naturverhältnis zudem eine theologische Dimension ein. Naturphänomene sind für ihn Symbole des christlichen Glaubens: das Schaf steht für den leidenden Jesus, das Lamm Gottes; das Holz für das Kreuz, den Tod des Sohnes Gottes; der Fels für den siegreichen Christus, den Eckstein der Kirche.

Ein Widerspruch klafft auch hier, denn seinen Leib, der eigentlich zur guten Schöpfung Gottes gehört, wertet Franziskus ab, nennt ihn *Bruder Esel*, kann sogar fordern, man müsse den Leib hassen. Doch scheint diese Leibfeindlichkeit weniger auf den Körper als solchen als vielmehr auf seine Begierden, auf die Fleischeslust, abzuzielen. Allerdings mutete Franziskus seinem Körper große Strapazen zu, die dazu führten, daß er vor allem gegen Ende seines Lebens sehr häufig erkrankte. Wie weit Franziskus seine asketischen Übungen trieb, entzieht sich unserer genauen Kenntnis. Manche Legenden jedenfalls sind so deutlich von der Absicht geprägt, den Heiligen als großen Asketen darzustellen, daß ihnen nur geringe historische Aussagekraft zugebilligt werden kann.

Brüder und Schwestern

Und nachdem mir der Herr Brüder gegeben hat, zeigte mir niemand, was ich zu tun hätte, sondern der Höchste selbst hat mir geoffenbart, daß ich nach der Vorschrift des heiligen Evangeliums leben sollte. Und ich habe es mit wenigen Worten und in Einfalt schreiben lassen, und der Herr Papst hat es mir bestätigt. Und jene, die kamen, dies Leben anzunehmen, gaben «alles, was sie haben mochten» […] den Armen.[81] *Und sie waren zufrieden mit einem Habit, innen und außen geflickt, samt Gürtelstrick und Hosen. Und mehr wollten wir nicht haben. Das Offizium sprachen wir Kleriker wie andere Kleriker, die Laien sprachen Vaterunser. Und sehr gern blieben wir in den Kirchen. Und wir waren ungebildet und jedermann untertänig.*

Und ich arbeitete mit meinen Händen und will arbeiten; und es ist mein fester Wille, daß alle anderen Brüder eine Handarbeit verrichten, die ehrbar ist. Die es nicht können, sollen es lernen, nicht aus Sucht, den Arbeitslohn zu empfangen, sondern des Beispiels wegen und um den Müßiggang zu vertreiben. Und wenn uns einmal der Arbeitslohn nicht gegeben würde, so wollen wir zum Tisch des Herrn Zuflucht nehmen und Almosen erbitten von Tür zu Tür.

Der Herr hat mir geoffenbart, daß wir als Gruß sagen sollten: «Der Herr gebe dir den Frieden!»

Hüten sollen sich die Brüder, daß sie Kirchen, ärmliche Wohnungen und alles, was für sie gebaut wird, keinesfalls annehmen, wenn sie nicht sind, wie es der heiligen Armut gemäß ist, die wir in der Regel versprochen haben; sie sollen dort immer herbergen wie Pilger und Fremdlinge […].[82]

Die Bruderschaft

Das Charisma des Franziskus wirkt wie ein Magnet. Menschen scharen sich um ihn, wie damals in seiner Jugend. Um Franziskus entsteht eine Gruppe von Brüdern. Die ersten stammen aus Assisi und Umgebung. Namentlich bekannte Anhänger der frühen Zeit sind Bernardo da Quintavalle, Petrus Catanii, Angelus, Rufinus und dann der Priester Leo (gest. um 1278), der zum Sekretär, Beichtvater und engsten Freund des

Franziskus wurde. Bezeichnenderweise sind die beiden einzigen handschriftlich von Franziskus erhaltenen Texte an Leo gerichtet. Der *Brief an Bruder Leo* bezeugt die enge Beziehung: *Bruder Leo, dein Bruder Franziskus wünscht dir Heil und Frieden. So sage ich dir, mein Sohn, wie eine Mutter, weil ich alle Worte, die wir auf dem Wege gesprochen haben, kurz in diesem Wort unterbringe und rate – und wenn es dir nachher (doch) nottut, um einen Rat zu mir zu kommen – so also rate ich dir: Auf welche Weise auch immer es dir besser erscheint, Gott, dem Herrn, zu gefallen und seinen Fußspuren und seiner Armut zu folgen, so tut es mit dem Segen Gottes, des Herrn, und mit dem Gehorsam gegen mich. Und wenn es dir notwendig ist, um deiner Seele oder deines sonstigen Trostes willen zu mir zu kommen, und wenn du zu mir kommen willst, Leo, so komm.*[83]

Die Brüder stammten aus allen sozialen Schichten, Kaufleute waren darunter ebenso wie Juristen und Priester, einfache Bauern wie vornehme Ritter. Die Aufnahmebedingungen in die Gemeinschaft von Franziskus waren denkbar einfach. Da verschenkte einer sein Hab und Gut, verließ seine Eltern oder Frau und Kinder, gab den Wohnsitz auf, den Beruf und jede sonstige Bindung, warf sich eine alte Kutte über, je älter und geflickter, desto besser, gesellte sich zur Gruppe um Franziskus und – gehörte dazu.

Die Gemeinschaft war sich einig in dem Ziel, die Worte des Evangeliums ernst zu nehmen und Jesus nachzufolgen. Ein Programm war schon die Selbstbezeichnung als die «geringen Armen» oder die «Minderbrüder» («pauperes», «fratres minores»).[84] Kein Orden wollte man sein, sondern eine Schar von Brüdern, arm und gering, also demütig vor Gott und verbunden mit den niederen sozialen Schichten. Die Merkmale der Frömmigkeit des Franziskus finden sich in der Gruppe wieder, materielle Armut und geistliche Demut, Rückzug zu Gebet und Gottesdienst neben Aufbruch zu Krankenpflege und Predigt.

Die Gruppe war arm. Franziskus verbot den Brüdern, Münzen auch nur zu berühren. Sie sollten Geld achten wie Kot. Eine Legende erzählt, er habe einen Bruder, der eine Münze in die Hand genommen hatte, das Geldstück mit dem Mund auf einen Haufen Eselsmist legen lassen. Die Armutsforderung galt, anders als bei den alten Mönchsorden, nicht nur für die einzelnen Mitglieder, sondern für die gesamte Gemeinschaft. Auch sie verfügte über keinerlei Güter, kein Geld, kein Haus, keine Vorräte an Nahrungsmitteln und Kleidern. Die einzelnen Brüder besaßen nichts außer einer einfachen Kutte, nach Möglichkeit innen und außen geflickt, einem Gürtel und Hosen. Trotz ihrer Armut lebten die Brüder normalerweise nicht vom Bettel, sondern verdienten sich den Lebensunterhalt durch ein Handwerk und bettelten nur, wenn ihnen der Lohn in Form von Nahrungsmitteln vorenthalten wurde. Mit ihrer Lebensweise protestierte die Gruppe gegen die neue Geldwirtschaft und praktizierte ein geldloses Tauschsystem.

Wer wirklich arm sein will, muß auch auf den Besitz der damals sehr wertvollen Bücher verzichten. Ein liturgisches Gesangbuch, ein sogenanntes Antiphonar, bezahlte ein Universitätsprofessor in Italien zur Zeit des Franziskus mit einem halben Jahresgehalt. Zu einem jungen Bruder, der gern ein Psalmenbuch besessen hätte, soll Franziskus gesagt haben: «Wenn du ein Psalmenbuch hast, wirst du ein Brevier [Gebetbuch] wollen. Wenn du ein Brevier hast, wirst du dich auf den Lehrstuhl setzen wie ein großer Prälat und deinem Bruder sagen: ‹Bring mir das Brevier!›»[85] Damit durchschaut Franziskus, daß der Besitz von Büchern und gelehrte Studien dazu führen, Machtpositionen in der Kirche aufzubauen. So gesellt sich zur materiellen Armut die geistliche Demut. Einfach und schlicht ist die Theologie der Brüder. Sie bestand im wesentlichen in der wörtlichen Auslegung der Nachfolgeworte Jesu. Gelehrsamkeit war suspekt. Franziskus soll einmal gesagt haben: «So viele gibt es, die gern zur Wissenschaft aufsteigen, daß der selig sein wird, der sich selbst leer machen wird in der Liebe Gottes des Herrn.»[86] Und als er gefragt wurde, warum er keine Bibel besitze, setzte er hinzu, er kenne das Evangelium Jesu Christi, das sei genug.

Die Brüderschar lebte gemeinsam vor den Toren Assisis, in der Nähe des kleinen Kirchleins Portiuncola, welches der Gemeinschaft von den Benediktinermönchen des Monte Subasio zur Verfügung gestellt wurde. Franziskus sandte ihnen jährlich ein paar Fische und bezahlte damit sym-

Die Kapelle Portiuncola in der Kirche Sta. Maria degli Angeli, Assisi

bolisch eine Art Pachtzins. Das Leben war dem Gebet, der Meditation und der Askese gewidmet. Die Brüder zogen sich aber nicht nur zurück, sondern pflegten Aussätzige und teilten das, was sie hatten, mit den Armen. Ihr Umgang waren die Ausgestoßenen der Gesellschaft.

Dem Wechsel zwischen Rückzug und Engagement entspricht die Spannung zwischen Seßhaftigkeit und Aufbruch. Immer wieder zogen die Brüder los, um in kleinen Gruppen zu wandern und zu predigen, vom Reich Gottes und vom Frieden. «Wenn sie in eine Stadt kamen oder in eine Burg oder in ein Haus, verkündeten sie Frieden.»[87] Die Angewohnheit, Menschen mit dem Friedenswort zu begrüßen, führte Franziskus auf eine unmittelbare Eingebung durch Gott zurück. Größten Wert legte er darauf, daß die Heimstatt, die Kapelle der Portiuncola, klein und schlicht blieb, und daß keiner der Brüder sich dauerhaft an irgendeinem Ort niederließ. Pilger, Wanderer, Nichtseßhafte wollten die Brüder sein.

Eine Legendensammlung charakterisiert diese Zeit des Aufbruchs so: «Voll Weisheit gründete der selige Franziskus vom Anfang seiner Umkehr an mit Hilfe des Herrn sich selbst und sein Haus, nämlich die Gemeinschaft, auf festen Stein, das heißt: auf die höchste Demut und Armut des Sohnes Gottes. Und er nannte diese Gemeinschaft ‹Minderbrüder›.

Auf die höchste Demut: Deshalb wollte er am Anfang der Gemeinschaft, [...] daß die Brüder in den Aussätzigenheimen verweilten, um den Aussätzigen zu dienen. [...]

Auf die höchste Armut: Wie in der Regel gesagt ist: ‹Die Brüder sollen [...] nichts unter dem Himmel besitzen wollen außer die heilige Armut [...]›.»[88]

In der Gemeinschaft der Brüder war jeder gleich, aus welcher sozialen Schicht er auch stammte. Wie sehr sich das franziskanische Denken von dem der älteren Orden unterschied, zeigt ein Vergleich mit Hildegard von Bingen (1098–1179), welche den Grundsatz, nur adlige Frauen in ihren Konvent aufzunehmen, so begründete: «Wer wird wohl sein Vieh zu einer Herde in einem Stall vereinigen? Rinder, Esel, Schafe, Ziegen, ohne sie zu trennen? Daher muß auch in diesem Punkt eine klare Scheidung walten, denn Gott setzte bei seinem Volk auf Erden und auch im Himmel Unterschiede.»[89] In der Gemeinschaft der Brüder dagegen waren alle Standesunterschiede aufgehoben.

Gegen die hierarchischen Strukturen der alten Orden setzen die Brüder die Gleichheit und die Liebe. Ideale familiäre Beziehungen sollen unter den Brüdern herrschen, wie eine spätere Anweisung für kleine Gruppen formuliert: *Jene, die als Ordensleute in Einsiedeleien verweilen wollen, sollen zu drei oder höchstens zu vier Brüdern sein. Zwei von ihnen sollen die Mütter sein und sollen zwei Söhne oder wenigstens einen haben. [...] Die Söhne aber sollen bisweilen das Amt der Mütter übernehmen, wie es ihnen gut scheint, dies abwechselnd für eine Zeit zu ordnen [...].*[90] Interessant ist der vorgeschlagene Rollenwechsel. Jeder Bruder soll nehmen und geben, soll umsorgt werden und sich um andere kümmern. Dies bricht verkrustete soziale und psychische Strukturen auf.

Auch sich selbst sah Franziskus als einen Bruder unter Brüdern. Häufig nennt er sich *euer ganz kleiner Diener Franziskus*. Auch berichtet eine Legende, Franziskus habe Bernardo, einem der allerersten der Brüder, seine Lebensweise nicht einfach aufgezwungen, sondern gemeinsam mit ihm die Bibel um Maßstäbe für das neue Leben befragt. Dennoch war Franziskus der Anführer der Gruppe und Vorbild der anderen, so sehr, daß ein Bruder der Legende nach Franziskus in allen Bewegungen nachahmte und darum den Beinamen «der Einfältige» erhielt. Der überschwengliche Geist des Franziskus inspirierte die Gruppe. Dem Meister am nächsten kam Bruder Juniper, der oft «heiße Gottesworte hervorstieß» und deshalb in den Legenden mitunter der «treffliche Schauspieler Gottes» genannt wird.

Schon sehr früh gab Franziskus der Gemeinschaft eine Art Regel, die er *unsere Lebensform* oder ganz einfach *unser Leben* nannte. Sie ist nicht erhalten, aber rekonstruierbar, da sie als Einleitung in die erste Regel aufgenommen wurde. *Regel und Leben dieser Brüder ist dieses, nämlich [...] unseres Herrn Jesu Christi Lehre und Fußspuren zu folgen, der sagt: «Wenn du vollkommen sein willst, dann geh (Mt 19,21) und verkaufe alles (vgl. Lk 18,22), was du hast, und gib es den Armen, und du wirst einen Schatz im Himmel haben; und komm, folge mir nach» (Mt 19,21). «Wenn jemand mir nachfolgen will, verleugne er sich selbst und nehme sein Kreuz auf sich und folge mir» (Mt 16,24). Ebenso: «Wenn jemand zu mir kommen will und nicht Vater und Mutter und Frau und Kinder und Brüder und Schwestern haßt, ja selbst sogar sein eigenes Leben, kann er mein Jünger nicht sein» (Lk 14,26). Und: «Jeder, der Vater oder Mutter, Brüder oder Schwestern, Frau oder Kinder, Häuser oder Äcker um meinetwillen verläßt, wird Hundertfaches erhalten und das ewige Leben besitzen» (vgl. Mt 19,29; Mk 10,29; Lk 18,92).*[91] Diese Regel ist nichts anderes als eine kurze Sammlung von Bibelstellen, welche die Grundlagen der franziskanischen Frömmigkeit enthalten: Nachfolge Jesu, Gehorsam gegenüber dem Evangelium, Lösung aus den bisherigen sozialen und familiären Beziehungen, absolute Armut, Selbstverleugnung, Leidensbereitschaft.

Als Franziskus elf Gefährten um sich geschart hat, zieht er 1209 (oder 1210) mit dieser «Regel» nach Rom, um sie vom Papst bestätigen zu lassen. An der Kurie beginnt ein Hindernislauf. Franz ist ja ein völlig Unbekannter, er gehört nicht einmal zum Klerus. Nur mit der Hilfe des Bischofs Guido von Assisi, der zur selben Zeit in der Ewigen Stadt weilt, nimmt er die hohen Hürden, bekommt eine Audienz beim Papst, vielleicht gar mehrere. Jetzt stehen zwei Männer, die ihre Epoche entscheidend prägten, einander persönlich gegenüber, eine Szene, welche die Maler immer wieder zur Darstellung anregte. In der Literatur wird häu-

Giotto di Bondone: Der Traum des Papstes Innozenz III. Der hl. Franziskus stützt die vom Einsturz bedrohte Laterankirche. Fresko, um 1295/1300. Assisi, Oberkirche von S. Francesco, Langhaus

fig darauf hingewiesen, daß Franz und Innozenz III. eine Art Gegenspieler gewesen seien: «Schneidend scharf stand in diesen beiden Männern Katholizismus gegen Katholizismus. Zwei völlig verschiedene Welten begegneten sich in dem titanischen Vertreter des kirchlichen Imperialismus und dem auf alles verzichtenden, unendlich demütigen Poverello.»[92] Diese Sichtweise ist berechtigt, bedarf aber der Ergänzung. Denn wenn beide Männer auch Welten voneinander trennten, verbanden sie doch auf der anderen Seite tiefe Gemeinsamkeiten. Beide trieb die ehrgeizige Hoffnung, eine Reform der Kirche, der Christenheit, ja der Welt herbeiführen zu können. Was sie trennte war mehr ihre Position als ihre Person.

Nach einem Chronisten äußerte sich der Papst zuerst sehr abfällig gegenüber Franziskus, sagte spöttisch zu dem Zerlumpten: «Sicher findest du ein paar Schweine, Bruder, die dich in ihren Stall aufnehmen. Ihnen magst du predigen, und vielleicht nehmen sie deine Regel an. Einem Schwein gleichst du jedenfalls eher als einem menschlichen Wesen.»[93] Franz, so der Chronist weiter, ging in einen Schweinestall, beschmierte sich mit Mist und kehrte zum Papst zurück. Der gab sich geschlagen. Eine andere Legende erzählt, Franziskus habe den Papst mit einer Parabel zu überzeugen versucht. Eine in der Wüste lebende Frau bekam Kinder, vom Herrscher des Landes unehelich gezeugt. Als die erwachsenen Söhne an den Hof gingen, erkannte sie der König als legitime Erben an. Ebendies forderte Franziskus für sich und seine Gefährten vom Papst.

Was Petrus Waldes nicht gelungen war, erreichte Franziskus: die mündliche Anerkennung seiner vom Geist der Armutsbewegung getragenen Regel. Möglich wurde dies durch die veränderte Ketzerpolitik der Kirche, die scharfsichtig erkannt hatte, daß sie mit Hilfe des kleinen Mannes aus Assisi die mächtigen Armutsbewegungen integrieren und damit die alte Feudalkirche stützen könne, wohlgemerkt stützen, nicht erneuern, reformieren oder gar revolutionieren. Dies verdichtet eine Legende, die ähnlich auch von Dominikus erzählt wird, zu einer anschaulichen Szene: «Der Herr Papst [...hatte] vor Ankunft des seligen Franziskus in einem Gesicht gesehen [...], wie die Kirche des heiligen Johannes am Lateran einzustürzen drohte und wie ein Ordensmann, unansehnlich und verachtet, sie mit seinem Rücken stützte.» Als der Papst dann Franz sieht, sagt er: «Wahrhaftig, das ist jener heilige Ordensmann, durch den die Kirche Gottes aufgerichtet und gestützt wird.»[94] Franziskus schien für die Integration der Armutsbewegungen besonders geeignet, da er einerseits ein radikaler Armer, andererseits ein loyales Kirchenmitglied war, ein «durch und durch katholisch gesinnter Mann».

Die Lebensform des Franziskus stand aber im Grunde genommen in scharfem Kontrast zur kirchlichen Wirklichkeit. Dies wußte Innozenz und sprach es gegenüber der Gruppe auch aus: «Liebste Söhne, euer Leben scheint uns allzu hart und rauh [...].»[95] Mit der Anerkennung der franziskanischen Regel war der Streit zwischen der Kurie und den Armutsbewegungen nicht beendet. Er entzündete sich vielmehr an der radikalen Armutsforderung immer wieder neu.

Franziskus erreichte viel von dem, was er wollte: für die Gemeinschaft die mündliche Bestätigung der Regel und damit die vorläufige Anerkennung, weshalb der 16. April 1209 als Gründungsdatum des Ordens gilt; für sich selbst die Erlaubnis zu predigen und die kleine Tonsur als Zeichen seines Laiendienstes als Diakon. Vielleicht lernte Franziskus jetzt auch schon Ugolino, Graf von Segni (1170–1241), den Kardinal von Ostia und späteren Papst Gregor IX., kennen. Er sollte zum wichtigsten Förderer des franziskanischen Ordens werden. Franziskus zahlte aber

Benozzo Gozzoli: Papst Innozenz III. bestätigt die Regel mündlich.
Fresko, 1451/52. Montefalco, S. Francesco

auch einen Preis, unwissentlich. Denn die Anerkennung durch die kirchliche Hierarchie barg die Gefahr, die ursprünglichen Ziele der Gemeinschaft zu korrumpieren.

Neben dieser Gefahr von außen traten im Jahrzehnt von 1209 bis 1219 Veränderungen von innen, die allerdings schwer faßbar sind, da zuverlässige Zeugnisse aus dieser Zeit weitgehend fehlen. Eines aber ist sicher: Die Zahl der Mitglieder wuchs, und zwar rasant. Dies hatte schwerwiegende Folgen. Die Brüder konnten nicht mehr bei der Portiuncola zusammenleben. Sie trafen sich hier nur noch ein- oder zweimal im Jahr, vor allem zum Pfingstkapitel. Durch Predigt und Mission in immer ferneren Gegenden und Ländern verbreitete sich die Bruderschaft geographisch und ließ den Gedanken an eine regionale Strukturierung aufkommen. Das Kapitel des Jahres 1217 organisierte die franziskanischen Brüder nach Provinzen. Als Missionsgebiet entstand bald auch eine nahöstliche Provinz. Da die Bruderschaft zu einer immer mächtigeren Bewegung anschwoll, lag eine stärkere institutionelle und rechtliche Absicherung nahe, die am ehesten durch päpstliche Schutzbriefe für die franziskanische Tätigkeit zu erreichen war. In dieser Frage aber entstand ein Streit, der erste große Konflikt in der Gemeinschaft.

Klara

Die Gruppe der Minderbrüder blieb nicht der einzige Orden, der auf Franziskus zurückgeht. Für Frauen entwickelte sich ein Ordenszweig, die Klarissen, und einer für Weltleute, die Tertiaren und Tertiarinnen. Die Dreigefährtenlegende faßt zusammen: «Die Brüder jedoch führten jene, die sie in den Orden aufnahmen, zum seligen Franziskus; von ihm erhielten sie in Demut und Hingabe das Ordenskleid. Aber nicht nur Männer traten in den Orden ein; auch viele Frauen, Jungfrauen und Witwen, von der Predigt der Brüder tief erschüttert, errichteten auf ihren Rat hin in Städten und Flecken Klöster und schlossen sich ein, um für immer Buße zu tun. [...] Ebenso übten verheiratete Männer und verheiratete Frauen, welche die Ehe nicht aufgeben konnten, auf den heilsamen Rat der Brüder hin in ihren eigenen Häusern strengere Buße. So wurde durch den seligen Franziskus, den vollkommenen Verehrer der heiligsten Dreifaltigkeit, die Kirche Gottes in drei Orden erneuert; [...es] wurde jeder von diesen drei Orden zu seiner Zeit vom Papst bestätigt.»[96]

Klara (Chiara) degli Offreducci, eine junge Adlige aus Assisi, 1193 oder 1194 geboren, eine Base von Bruder Rufinus, nahm schon während der Zeit der Bekehrung des Franz Kontakt mit ihm auf, traf sich immer wieder heimlich mit ihm. Im März 1212 (oder 1211), in der Nacht nach Palmsonntag, floh sie, gerade sechzehnjährig, aus ihrem Elternhaus, um sich Franz und seiner Gemeinschaft anzuschließen. Der 18. März 1212 gilt

Simone Martini: Die heilige Klara (Ausschnitt). Fresko, um 1300. Assisi, Unterkirche von S. Francesco

denn auch als Gründungsdatum des Klarissenordens. Zu dem zwölf Jahre älteren Franz scheint Klara ein sehr inniges Verhältnis gehabt zu haben. In einer Vision, die sie später ihren engsten Vertrauten mitteilte, sah sie, wie sie an der entblößten Brustwarze des Franziskus saugte und die süße, wohlschmeckende Flüssigkeit, die aus der Brust quoll, trank.

Der kleine Chor der hl. Klara. 12. Jahrhundert. Assisi, Kloster S. Damiano

Zuletzt blieb ihr ein Teil der Brustwarze auf der Zunge zurück und erwies sich als Gold. Der geistliche Gehalt der Vision ist klar: Klara will die Lebensform mit Franz teilen. Sie möchte ein charismatisches, unstetes, interessantes Leben führen wie er, möchte wandern und die Natur genießen, will predigen und in fernen Ländern missionieren. Sie erreicht ihr Ziel nicht, denn Franz verhält sich zwiespältig. Zwar schneidet er ihr die Haare und nimmt sie damit in den Bußstand auf, doch läßt er sie nicht an seinem Leben teilhaben. Für sich selbst und seine Gemeinschaft lehnte Franziskus es ab, die alten klösterlichen Formen zu übernehmen. Klara und ihre Anhängerinnen aber werden hinter den Mauern des Klosters San Damiano eingeschlossen und nehmen die Benediktinerregel an. Das dem Franziskus zugeschriebene *Mahnlied für die Schwestern der heiligen Klara* fordert die Frauen auf, sich mit diesen Einschränkungen abzufinden und auf das freie Leben der Brüder zu verzichten:

Höret, ihr Armen, vom Herrn Gerufenen […].
Schaut nicht auf das Leben draußen;
das Leben des Geistes ist besser als jenes. […]
Denn jede wird Königin sein im Himmel,
gekrönt mit der Jungfrau Maria.[97]

Mehrere Jahrzehnte lang, durch Krankheit ans Bett gefesselt, kämpfte die Äbtissin Klara darum, ein Leben wie Franziskus führen zu dürfen. Erfolg hatte sie nur in einem Punkt. 1253 bestätigte Innozenz IV., Papst von 1243 bis 1254, ihre Ordensregel, in welcher die Armutsforderung mit derselben Deutlichkeit und Radikalität formuliert ist wie bei Franziskus. Einen Tag, nachdem sie von der Bestätigung erfährt, stirbt Klara. Zwei Jahre nach ihrem Tod wird sie heiliggesprochen.

Die Beziehung zwischen Franz und Klara ist schillernd. Die Quellen erzählen von einem Vater-Tochter-Verhältnis. Klara nimmt sich Franz und seine Lebensform als Vorbild, sie tut «nach dem Beispiel und der Lehre unseres heiligsten Vaters Franziskus Buße», sieht sich und ihre Mitschwestern als «wahre kleine Pflanze des heiligen Vaters» und hält beim Anblick des Leichnams von Franz die Totenklage: «Vater, Vater, was sollen wir anfangen? Warum verläßt du uns in unserem Elend?»[98] Umgekehrt verhält sich Franz ihr gegenüber fürsorglich wie ein Vater, verspricht in der *Lebensform für die heilige Klara*, für sie und ihre Mitschwestern zu sorgen: *Da ihr euch auf göttliche Eingebung hin zu Töchtern und Mägden des erhabensten, höchsten Königs, des himmlischen Vaters, gemacht und euch dem Heiligen Geiste verlobt habt, indem ihr das Leben nach der Vollkommenheit des heiligen Evangeliums erwähltet, so will ich, und ich verspreche dies für mich und meine Brüder, für euch genauso wie für diese immer liebevolle Sorge und besondere Aufmerksamkeit hegen.*[99] So sorgen auch wirklich die Brüder für die Schwestern in San Damiano in materieller und geistlicher Hinsicht. Sie sammeln Almosen für sie und kommen als Seelsorger ins Kloster. Diese Kontakte sind Klara außerordentlich wichtig.

Franz und Klara sind Vater und Tochter, gewiß. Sind sie zudem auch Freund und Freundin, Geliebte und Geliebter? Kurz und bündig

Franz und Klara treffen sich. Klara-Retabel. Assisi, Sta. Chiara

schreibt Adolf Holl: «Franz und Klara waren ein Liebespaar.»[100] Daß die Beziehung von Klaras Seite aus eine eindeutig erotische, vielleicht auch sexuelle Komponente hatte, zeigt der bereits erwähnte Traum von der Brustwarze des heiligen Franziskus. Aussagen über ein körperliches Verhältnis der beiden bleiben dennoch Vermutungen. Die Gefühle von Franz für Klara beschreibt eine Quelle so: «Bruder Stefan, Gefährte des heiligen Franziskus, sagte, der heilige Franziskus habe niemals nähere Beziehungen zu Frauen unterhalten; sondern er liebte allein die heilige Klara.» Dieselbe Quelle aber weist darauf hin, daß Franz sich von seinen Gefühlen sehr schnell distanzierte: «Und trotzdem, wenn er von ihr sprach, dann nannte er sie nicht mit ihrem richtigen Namen, sondern er sagte ‹Christiana›.»[101] Vielleicht fängt die Legende von den blühenden Rosen die Zärtlichkeit der Beziehung und die Distanzierungsversuche des Franz sehr gut ein. Franz und Klara wanderten einst im Winter nach

Assisi zurück und zogen dabei die Blicke der Leute auf sich, worauf Franz erklärte, es sei Zeit, sich zu trennen. Klara fragte: «Wann sehen wir uns wieder?» Franz erwiderte: «Wenn die Rosen blühen!» Da geschieht das Wunder: Mitten im Winter tragen die Hecken Rosenblüten, das Symbol der Liebe.

Insgesamt scheint Franz, zumindest seit seiner Bekehrung, Frauen vor allem als Gefahr gesehen zu haben. Er kümmerte sich nur um Klara und ihr Kloster San Damiano, betrachtete aber die Ausbreitung des Klarissenordens mit Mißtrauen. Die Beziehung zu Frauen ist seiner Überzeugung nach gefährlich, da sie die teuflische Versuchung zur körperlichen Begierde in sich birgt.

Auch für Laienbrüder und -schwestern, die sich nicht aus ihren familiären und sozialen Bindungen lösen, aber dennoch ein Leben der Buße im franziskanischen Geist führen wollten, wurde eine Lebensform gefunden, welche der dem Franziskus zugeschriebene *Brief an die Gläubigen* umreißt. *Alle, die den Herrn «lieben aus ganzem Herzen, aus ganzer Seele und ganzem Sinnen, aus ganzer Kraft» (vgl. Mk 12,30) und ihre Nächsten lieben wie sich selbst (vgl. Mt 22,39) und ihr verkehrtes Ich mit seinen Lastern und Sünden hassen und den Leib und das Blut unseres Herrn Jesus Christus empfangen und würdige Früchte der Buße bringen […], sind Anverlobte, Brüder und Mütter unseres Herrn Jesus Christus (vgl. Mt 12,50).*[102] Auffällig ist, daß die wichtigsten Forderungen des Franziskus, die Absage an die Welt und die konsequente Nachfolge Jesu, fehlen. Diese Lebensform verzichtet somit auf die völlige Trennung vom bisherigen Leben und auf die absolute Armut. Der dritte franziskanische Orden der Tertiaren und Tertiarinnen (Franziskanerinnen) bildete sich erst nach dem Tode des Franziskus. Er trug viel dazu bei, den franziskanischen Geist in die Welt zu tragen.

Unter den Sarazenen

Ich befehle streng im Gehorsam allen Brüdern, wo immer sie auch sind, daß sie nicht wagen sollen, irgendeinen Brief bei der römischen Kurie zu erbitten, weder durch sich noch durch eine Mittelsperson, weder für eine Kirche noch wegen irgendeines Ortes, weder unter dem Vorwand der Predigt noch wegen leiblicher Verfolgung; sondern, wo immer man sie nicht aufnimmt, sollen sie in ein anderes Land fliehen, um mit dem Segen Gottes Buße zu tun.[103]

Die Idee einer Morgenlandfahrt, vielleicht hatte Franz sie sich schon als Jugendlicher in den Kopf gesetzt, als er noch von einem Leben als Adliger träumte. In den neugegründeten Kreuzfahrerstaaten brauchte man wehrfähige Männer und war deshalb zum Ritterschlag schnell bereit. Damals zog Franz nicht los, doch der Wunsch blieb und fand ein neues Motiv. Als verwandelter Mensch will Franziskus die «Heiden» zum christlichen Glauben bekehren oder das eigene Leben als Märtyrer opfern. Er zieht los, zum erstenmal 1212, im Jahr des Kinderkreuzzugs, der unter dem Motto begann, Christus sei bei den Armen und Kindern, und dann auf den Sklavenmärkten Nordafrikas und Ägyptens endete. Der Versuch des Franziskus scheitert. Ein Sturm wirft das Schiff an die dalmatische Küste, Franziskus kehrt, vielleicht als blinder Passagier, nach Italien zurück. Zwei Jahre später bricht er nach Marokko auf, doch eine Krankheit zwingt ihn in Spanien zur Rückkehr. 1219, beim dritten Anlauf, ist es schließlich soweit: Mit einer kleinen Gruppe von Getreuen gelangt Franziskus nach Ägypten zu den «Sarazenen», wie damals die Muslime genannt wurden. Ein zwischen 1217 und 1221 durchgeführter, von Innozenz III. auf dem 4. Laterankonzil angeregter Kreuzzug ist in vollem Gang. Im Nildelta liegt ein Kreuzfahrerheer vor der Festung Damiette, dem islamischen Machtzentrum in Ägypten. Die Eroberung Damiettes soll die Einnahme Jerusalems vorbereiten und erleichtern. Jakob von Vitry, ein französischer Kleriker und damals Bischof von Akkon, berichtet über die Ankunft des Franziskus im Kreuzfahrerlager: «Wir haben den ersten Gründer und Meister dieses Ordens gesehen, dem alle anderen gehorchen als ihrem großen Prior; es ist ein einfacher und ungelehrter Mann, von Gott und den Menschen geliebt; Bruder Franz nennt man ihn…»[104]

Franziskus tritt in Ägypten für eine Alternative zum Kreuzzug ein: Er will die Muslime nicht mit Waffen bekämpfen, sondern mit Worten bekehren. Ihr politisches Oberhaupt möchte er für den christlichen Glauben gewinnen, den von 1218 bis 1238 über Ägypten herrschenden Sultan Melek al-Kamil, den Neffen des bekannten Sultans Saladin (1138–1193). Der Sultan empfängt ihn tatsächlich, zeigt sich höflich, doch distanziert. Franziskus erreicht sein Ziel nicht. Jakob von Vitry berichtet: «Als das Heer der Christen vor Damiette im Lande Ägypten angekommen war, machte sich Bruder Franz […] unerschrocken zum Sultan von Ägypten auf. Als die Sarazenen ihn unterwegs aufgriffen, sagte er: ‹Ich bin Christ, führt mich zu euerm Herrn.› Als sie ihn dorthin geführt hatten, wurde das wilde Tier, das ihn sah, beim Anblick dieses Mannes Gottes zur Milde gestimmt und hörte mehrere Tage lang sehr aufmerksam den Predigten zu, die er ihm und den Seinen über Christus hielt.»[105]

Die Berichte beschreiben die Situation aus der Perspektive der Christen. Das «wilde Tier» war ein hochgebildeter Mann und überdies ein kluger Politiker. Auch war die Lebensweise des Franziskus für die islamische Welt nicht ganz so außergewöhnlich wie hier vorausgesetzt. Im 12. und beginnenden 13. Jahrhundert entstand auch hier, parallel zum christlichen Abendland, eine Armutsbewegung; Bruderschaften, sogenannte Sufis, schlossen sich zusammen, lebten asketisch und arm und riefen Menschen zur Umkehr.

In einer anderen Chronik ist die Szene vor dem Sultan ins Legendäre überhöht: «Man erzählt, daß er vor den Sultan trat und dieser ihm viele Geschenke und Schätze anbot und, als der Diener Gottes sie nicht wollte, sagte: ‹Nehmt sie und verteilt sie an die Kirchen und an die bedürftigen Christen.› Aber der Diener Christi wies sie zurück und versicherte, für die Bedürfnisse der Armen sorge die göttliche Vorsehung. Als der selige Franz predigte, erbot er sich, mit einem sarazenischen Priester ins Feuer zu gehen und ihm so vollständig zu beweisen, daß das Gebot Christi das wahre sei. Aber der Sultan sagte: ‹Bruder, ich glaube nicht, daß irgendein sarazenischer Priester gewillt ist, für seinen Glauben ins Feuer zu gehen.› Dann ließ er ihn mit aller Achtung und in völliger Sicherheit zum Lager der Unsrigen zurückführen, weil er fürchtete, daß einige aus seinem Heer, durch die Wirksamkeit der Rede bekehrt, in das Heer der Christen überliefen.»[106] Nach dieser Legende inszeniert Franziskus seinen Bekehrungsversuch in Form eines Gottesurteils.

Bald schon kehrte Franziskus nach Italien zurück. Mehrere Gründe mögen hierbei eine Rolle gespielt haben. Sein Vorhaben, Muslime zum christlichen Glauben zu bekehren, scheiterte. Ohnehin wirkten er und die Brüder, die in der nahöstlichen Provinz missionierten, in erster Linie unter christlichen Kreuzfahrern und Pilgern, auch unter bereits über-

Giotto di Bondone: Der hl. Franziskus predigt vor dem Sultan und will vor ihm durchs Feuer gehen. Fresko, um 1295/1300. Assisi, Oberkirche von S. Francesco, Langhaus

getretenen Muslimen, kaum jedoch unmittelbar unter den «Heiden». Wahrscheinlich erschütterte Franziskus die Grausamkeit der Kriegführung, die er hautnah miterlebte. Auf die Eroberung von Damiette im November 1219 folgten ein Blutbad, Plünderung und Pest. Von den 80000 Einwohnern der Stadt überlebten 3000.[107] Auch gesundheitliche Gründe bewogen ihn zur Heimkehr. Im Nahen Osten zog sich Franziskus ein schweres Augenleiden zu, das ihn zeitlebens quälen sollte. Und schließlich drängten die Entwicklungen in der Gemeinschaft zur Rückkehr.

Über die Geschehnisse während der Abwesenheit von Franz geben die Legendensammlungen keine Auskunft, weder die offiziellen noch die kirchenkritischen. Keine der Parteien schien an einer Darstellung dieser schweren Krise interessiert. Nur eine einzige Quelle berichtet folgendes. Die beiden Männer, die als Stellvertreter (Vikare) des Franziskus der Gemeinschaft während seiner Abwesenheit vorstanden, führten, wohl in Absprache mit der Kurie, Neuerungen ein, welche auf eine Anpassung der Franziskanerordnung an die bestehenden Mönchsorden zielten. Die Fastenbestimmungen wurden verschärft; bei einem Kapitel haben nicht mehr alle, sondern nur noch bestimmte Brüder, sogenannte Senioren, Stimmrecht; Bruder Philipp erwirkte einen päpstlichen Schutzbrief für die Klarissen, Bruder Johannes gründete eine eigene Gemeinschaft für Aussätzige. Als Franziskus von den Neuerungen hörte, kehrte er sofort nach Italien zurück, ging aber nicht zu den leitenden Brüdern seiner Gemeinschaft, sondern direkt zu Papst Honorius III. Der widerrief alle Neuerungen und setzte die beiden Vikare ab.

Das Verhalten des Franziskus nach seiner Rückkehr läßt wohl einige Rückschlüsse auf seinen Charakter und auf sein Verhältnis zu den Brüdern zu. Eine unmittelbare Auseinandersetzung mit den «Aufwieglern» scheut er, scheint sich keinen wesentlichen Einfluß auf die leitenden Brüder zuzutrauen. Statt dessen sucht er Unterstützung bei der mächtigsten Autorität, beim Papst, und eröffnet damit der Kurie die Möglichkeit, zum erstenmal direkt und massiv in die Ordensentwicklung einzugreifen, ja, er scheint den unmittelbaren päpstlichen Einfluß selbst gefordert zu haben. So gelingt es Papst Honorius III. im Jahr 1220, die Gemeinschaft unter seine Obhut zu nehmen und sie in seinem Sinne zu formen. Im Mai nennt er in einem Schreiben an die Bischöfe in Frankreich die Bruderschar zum erstenmal einen «Orden», im September erlegt er den Neulingen in der Gemeinschaft eine einjährige Probezeit (Noviziat) auf und verbietet allen Mitgliedern den Austritt, schließlich setzt er Ugolino von Segni zum päpstlichen Kardinalprotektor der Gemeinschaft ein.

Dann geschieht etwas Erstaunliches. Als sich die Brüder im Jahr 1220 zum Kapitel bei der Portiuncola versammelten, trat Franziskus von der Leitung der Gemeinschaft zurück. Die offiziellen Legendenberichte versuchen, diesen Bruch zu vertuschen. Doch ist die fundamentale Bedeutung des Schrittes nicht wegzuleugnen. Die Gründe dafür mögen vielfältig sein, entscheidend aber wurde, daß Franziskus mit der Entwicklung seiner Gemeinschaft nicht einverstanden war, wobei er wohl auch zu den päpstlichen Eingriffen ein ambivalentes Verhältnis hatte. Nach einer Legende begründete Franziskus seine Entscheidung, sich von der Leitung seiner Brüder zurückzuziehen, so: «Denn mein Amt der Vormundschaft über sie ist ein geistliches Amt und besteht nur darin, über die Laster zu herrschen und sie geistlich zu bekämpfen und auszutilgen. Und wenn ich die Sünden nicht mehr durch Predigt und Ermahnung bekämpfen und ausrotten kann, verzichte ich darauf, wie ein Henker die Brüder zu strafen und zu züchtigen, wie die Obrigkeiten dieser Welt es tun.»[108]

Franziskus steht im Widerspruch nicht nur zu Teilen der Gemeinschaft, sondern auch zu sich selbst. Er verzichtete auf institutionellen Einfluß, wollte ihn aber gleichzeitig auf der geistlichen Ebene behalten.

Strafende Macht oder Gewalt lehnte er ab und stellte seine Anhänger doch zugleich ganz unter die Herrschaft der Autorität.

Die Leitung der Gemeinschaft als Generalminister übernahm der Freund Petrus Catanii, der allerdings schon im März 1221 starb. Ihm folgte Elias von Cortona (um 1180–1253), der dem Orden in zwei Perioden vorstand (1221–1227 und 1232–1239).

Die Mission unter den Muslimen war also gescheitert, in zweifacher Hinsicht. In der Fremde hatte der Eifer des Franziskus keinen Erfolg, und in der Heimat rebellierten Teile der Gemeinschaft. Dennoch trug die Zeit unter den «Heiden» Frucht. Das öffentliche Gebet der Muslime (Salat) beeindruckte Franziskus so tief, daß er diese Einrichtung auch unter den Christen einführen wollte, wie er in dem ihm zugeschriebenen *Brief an die Lenker der Völker* formuliert: *Allen Bürgermeistern und Konsuln, Richtern und Statthaltern auf der ganzen Welt sowie allen anderen, zu denen dieser Brief gelangt, euch allen wünscht Bruder Franziskus, euer ganz kleiner und verächtlicher Knecht in Gott, dem Herrn, Heil und Frieden.*

Bedenkt und seht, daß der Tag des Todes naht [...]. Daher bitte ich euch in Ehrfurcht, so gut ich kann, ihr möchtet doch nicht wegen der Sorgen und dem geschäftigen Treiben dieser Welt, die ihr habt, den Herrn der Vergessenheit anheimfallen lassen und von seinen Geboten abweichen; denn alle jene, die ihn der Vergessenheit anheimfallen lassen und von seinen Geboten abweichen, sind verflucht [...]. Und je weiser und mächtiger sie in dieser Welt gewesen sind, desto größere Qualen werden sie in der Hölle erdulden [...]. Daher rate ich euch, meine Herren, eindringlich, alles Sorgen und geschäftige Treiben zurückzustellen und den heiligsten Leib und das heiligste Blut unseres Herrn Jesus Christus bei seinem heiligen Gedächtnis liebevoll zu empfangen. Und bereitet doch dem Herrn unter dem euch anvertrauten Volk so große Ehre, daß an jedem Abend durch einen Herold oder durch irgendein Zeichen angesagt werde, das ganze Volk bringe Gott, dem allmächtigen Herrn, Lobpreis und Dank dar. Und wenn ihr das nicht tut, so wißt, daß ihr vor eurem Herrn und Gott, Jesus Christus, am Tage des Gerichtes Rechenschaft ablegen müßt [...]. Die dieses Schreiben bei sich bewahren und es befolgen, sollen wissen, daß sie von Gott, dem Herrn, gesegnet sind.[109]

Dieser *Brief an die Lenker der Völker* wirft auch ein Licht auf das Selbstbewußtsein seines Verfassers. In einer Zeit, in der ihm die Leitung seines Lebenswerkes entglitt, suchte Franziskus durch eine direkte politische Einflußnahme die Reform der Christenheit voranzutreiben.[110] Tatsächlich bürgerte sich im Laufe des 13. Jahrhunderts auf franziskanische Initiative hin zuerst am Abend, dann auch am Morgen und Mittag das Angelusläuten ein, das alle Christen dazu aufrief, ein «Ave Maria» zu beten.

Das 12. und 13. Jahrhundert lebte im Kreuzfahrtgedanken, nahm die

Darstellung des hl. Franziskus mit den Friedenstauben in Assisi

alte Tradition von der gewaltsamen Bekehrung der Heiden wieder auf, wollte die Bekämpfung der Muslime mit dem Schwert. Wolfram von Eschenbach, ein unmittelbarer Zeitgenosse des Franziskus, dachte anders. In seinem Parzival-Roman träumte er von einer brüderlichen Versöhnung der beiden Religionen. Franziskus stand dazwischen. Zwar wollte auch er, wie alle, die Muslime bekehren, doch auf gewaltlose Weise. Zugleich war er bereit, in einzelnen Punkten von ihnen zu lernen. Diese Bereitschaft ist eine erste Voraussetzung für das Gespräch.

Was von der Orientreise blieb, war außerdem ein großes Interesse am Heiligen Land und an der Mission, die bei den Franziskanern eine solche Bedeutung gewann, daß ihr sogar ein eigenes Kapitel in der Regel gewidmet wird, eine Neuheit in der Geschichte der Orden. Mission trieben die Franziskaner nicht nur unter den Muslimen, sondern auch in christlichen Ländern. 1221 zogen die ersten Brüder unter Leitung von Cäsar von Speyer nach Deutschland. Dieser Versuch scheiterte an der Rauheit des Landes und der Leute so vollständig, daß Franziskus den Gang nach Deutschland für verdienstvoller erklärt haben soll als den unter die Sarazenen. Überhaupt war in ihrem ersten Jahrzehnt der franziskanischen Mission nur geringer Erfolg beschieden. Ein Durchbruch gelang erst, nachdem die Kurie der Gemeinschaft Schutzbriefe für ihre Tätigkeit ausgestellt hatte. Gegen päpstliche Unterstützung wehrte sich Franziskus zeitlebens entschieden, hielt die Entwicklung jedoch trotz seiner eindeutigen und im Testament schriftlich festgehaltenen Ablehnung nicht auf.

Regel

Und fest will ich dem Generalminister dieser Brüderschaft gehorchen oder sonst dem Guardian, den er mir nach seinem Willen gibt. Und ich will in seinen Händen sein wie ein Gefangener derart, daß ich nicht gehen noch handeln kann wider den Gehorsam und seinen Willen, weil er mein Herr ist. Und obwohl ich einfältig und krank bin, will ich doch immer einen Kleriker haben, der mit mir das Offizium hält, wie es in der Regel steht.

Und alle anderen Brüder sollen gehalten sein, ebenso ihren Guardianen zu gehorchen und das Offizium der Regel gemäß zu halten. Und sollten sich solche finden, daß sie das Offizium nicht der Regel gemäß hielten und auf andere Weise verändern wollten oder nicht katholisch wären – alle Brüder, wo immer sie sind, sollen im Gehorsam gehalten sein, einen solchen, wo immer sie ihn finden, dem nächsten Kustos jenes Ortes, wo sie ihn gefunden haben, vorzuführen. Und der Kustos sei streng im Gehorsam verpflichtet, ihn bei Tag und bei Nacht wie einen Gefangenen scharf zu bewachen, so daß er seinen Händen nicht entrissen werden kann, bis er ihn in eigener Person den Händen seines Ministers übergibt. Und der Minister sei streng im Gehorsam verpflichtet, ihn durch solche Brüder zu schicken, daß sie ihn bei Tag und Nacht wie einen Gefangenen bewachen, bis sie ihn vor den Herrn von Ostia geführt haben, welcher der Herr, Beschützer und Verbesserer der ganzen Brüderschaft ist.[111]

Der Orden

Im Verlauf eines guten Jahrzehnts verändert sich die franziskanische Gemeinschaft grundlegend. Aus der geistgewirkten Bruderschaft wurde ein kirchlicher Orden. Paul Sabatier wies darauf hin, daß diese Entwicklung einen unauflösbaren Widerspruch in sich birgt. «Die Bewegung, die mit der Begründung eines Mönchsordens endigte, war ursprünglich gegen das Mönchswesen gerichtet […].»[112]

Die Umwandlung läßt sich an den Veränderungen der Regel ablesen, die sich in einem vielschichtigen Prozeß entwickelte.[113] Am Anfang stand die Sammlung von Nachfolgeworten Jesu, die Franz 1209 dem Papst vor-

Franziskus übergibt dem Ersten Orden die Regel

Giacomo Ligozzi: Papst Honorius III. bestätigt den Orden des hl. Franziskus. Fresko, 1600. Florenz, Chiostro d'Ognissanti

legte (Ursprüngliche Regel). Die erste erhaltene Regelfassung stammt aus dem Jahr 1221 (Vorläufige oder nichtbullierte Regel). Die für den Orden gültige Regel bestätigte Papst Honorius III. im November 1223 (Endgültige oder bullierte Regel).[114] Erstaunlich ist, daß zwischen der nichtbullierten und der bullierten Regel sehr auffällige Unterschiede bestehen, obwohl beide innerhalb eines Zeitraums von nur zwei Jahren entstanden.[115] Dies zeigen schon der Text als ganzer und die Einleitung, daneben aber auch viele Details.

Während die Vorläufige Regel im Grunde eine blumige Ausschmückung von Bibelstellen ist, stellt die Endgültige einen straff formulierten Gesetzestext dar.[116] Die Regel von 1221 beginnt mit Nachfolgeworten Jesu. *Regel und Leben dieser Brüder ist dieses, nämlich […] Jesu Christi Lehre und Fußspuren zu folgen, der sagt: «[…] komm, folge mir nach» […].*[117] Die Endgültige Regel spricht zwar noch vom Evangelium, aber nicht mehr von der Nachfolge und stellt statt dessen die in der kirchlichen Ordenspraxis übliche Gelübdeformel an den Anfang. *Es beginnt die Lebensweise der Minderen Brüder: Regel und Leben der Minderen Brüder ist dieses, nämlich unseres Herrn Jesu Christi heiliges Evangelium zu beobachten durch ein Leben in Gehorsam, ohne Eigentum und in Keuschheit.*[118] Damit entfällt das zentrale Anliegen der franziskanischen Theologie zugunsten der alten Mönchstradition.

Entscheidende Änderungen zeigen sich auch in der Struktur der Gruppe. Während die Brüdergemeinschaft keine Formalitäten kannte und jeder ein- und austreten konnte, wenn er nur ernsthaft wollte, pocht die endgültige Regel auf die einjährige Probezeit, die anschließende offizielle Aufnahme und auf das Verbot, aus dem Orden je wieder auszutreten. *Ist aber das Probejahr beendet, sollen sie [die Neuankömmlinge] zum Gehorsam angenommen werden, indem sie versprechen, dieses Leben und diese Regel immer zu befolgen. Und gemäß der Anordnung des Herrn Papstes soll ihnen unter keinen Umständen erlaubt sein, aus diesem Orden auszutreten. […]*[119] Die Haltung gegenüber Eintrittswilligen verändert sich deutlich. Die Vorläufige Regel möchte, daß sie mit offenen Armen empfangen werden. *Wenn jemand auf Gottes Eingebung hin dieses Leben annehmen will und zu unseren Brüdern kommt, werde er liebevoll von ihnen aufgenommen. […] Der Minister […] nehme ihn liebevoll auf und bestärke ihn und erkläre ihm sorgfältig die Eigenart unseres Lebens.*[120] Ganz anders die Endgültige Regel. Sie ersetzt die herzliche, offene Aufnahme durch eine strenge Überprüfung der Rechtgläubigkeit. *Die Minister aber sollen sie [die Eintrittswilligen] sorgfältig über den katholischen Glauben und die Sakramente der Kirche prüfen. Und wenn sie dies alles glauben und es treu bekennen und bis ans Ende unverbrüchlich daran festhalten wollen […], dann sollen sie (die Minister) ihnen das Wort des heiligen Evangeliums (vgl. Mt 19,21 par.) sagen, daß sie hingehen und all das Ihrige verkaufen und Sorge tragen, es unter die Armen zu verteilen.*[121]

Ordnung nach außen, Ordnung nach innen. Im Orden bilden sich immer festere Strukturen. Die Pfingstkapitel in der Portiuncola werden aus charismatischen zu verwaltenden Versammlungen. Hier wird Recht gesprochen, die Ordensleitung gewählt, die Beziehung zum hohen Klerus gepflegt. Immer ist jetzt ein hoher kirchlicher Amtsträger anwesend. Die einfachen Brüder verlieren an Einfluß. Während ursprünglich alle an den Pfingstkapiteln teilnehmen konnten, sieht die Vorläufige Regel das jährliche Pfingstkapitel an der Portiuncola nur noch für leitende Brüder vor, die Endgültige will diese nur noch alle drei Jahre zu einem Pfingstkapitel an einem beliebigen Ort versammelt wissen.

Die Einteilung in Provinzen erstarrt. Waren sie ursprünglich als Missionsgebiete gedacht, werden sie jetzt zu festen Bezirken, zu Verwaltungseinheiten der dortigen franziskanischen Niederlassungen.

Entsprechend wandeln sich zeitlich befristete Leitungsfunktionen in dauerhafte Ämter. Hatten die Vorgesetzten oder «Diener» (Minister) ursprünglich die Aufgabe, die einzelnen Gruppen von umherziehenden Brüdern zeitweilig zu leiten, entsteht jetzt eine feste, differenzierte Ämterhierarchie in der Gestalt einer Pyramide: an der Basis die einfachen Brüder, dann der Guardian als Leiter einer klösterlichen Gemeinschaft, die Kustoden als Wächter über mehrere Klöster, die Provinzialminister als Oberste der Provinzen und schließlich an der Spitze der Generalminister, als Nachfolger des Franziskus Hüter des gesamten Ordens. [122] Die Organisationsstruktur verfestigte sich mehr und mehr. Eine kritische Passage der Vorläufigen Regel ist in der Endgültigen ersatzlos gestrichen: *Und keiner soll «Prior» genannt werden, sondern alle sollen schlechthin «Mindere Brüder» heißen. [...] Ebenso soll [...] kein Bruder eine Machtstellung oder ein Herrscheramt innehaben [...].* [123]

Je deutlicher sich eine feste hierarchische Ordnung im Orden ausbildete, um so nachdrücklicher stieg der Gehorsam gegenüber den Vorgesetzten, insbesondere auch gegenüber der Ordensleitung, zur ersten Pflicht auf. *Alle Brüder sollen gehalten sein, immer einen von den Brüdern dieses Ordens als Generalminister und Diener der gesamten Brüderschaft zu haben, und sollen streng gehalten sein, ihm zu gehorchen.* [124] Der Gehorsam gegenüber den Vorgesetzten hat aber eine Grenze. *Daher gebiete ich ihnen streng, daß sie ihren Ministern in allem gehorchen, was sie zu halten dem Herrn versprochen haben und was nicht ihrer Seele und unserer Regel zuwider ist.* [125] Gehorsam sein meint im Grunde, die Regel befolgen, nicht einem menschlichen Befehl blind gehorchen.

Kleine Akzentverschiebungen zwischen der Vorläufigen und der Endgültigen Regel aber weisen auf große Veränderungen beim Gehorsamsgebot hin. Die zweite Regel gesteht den einfachen Brüdern ausdrücklich ein Recht auf Befehlsverweigerung zu. *Wenn aber ein Minister einem Bruder etwas gegen unser Leben [gegen die Regel] oder gegen dessen Seele befehlen sollte, dann ist der Bruder nicht verpflichtet, ihm zu gehorchen. Denn das ist nicht Gehorsam, wenn dabei ein Vergehen oder eine Sünde begangen wird.* [126] Die Endgültige Regel ersetzt diesen Abschnitt durch eine Aufforderung an die Oberen, ihren Untergebenen nichts zu befehlen, *was gegen ihre Seele und unsere Regel wäre.* Und fährt fort: *Die Brüder aber, die Untergebene sind, sollen beherzigen, daß sie um Gottes willen dem eigenen Willen entsagt haben.* [127] Jetzt kontrolliert sich die Obrigkeit selbst, während den Untertanen ihr Ordensgelübde eingeschärft wird. Zudem fällt eine Aufforderung der zweiten Regel an die Brüder, ihre Vorgesetzten zu überwachen, in der endgültigen Regelfassung ersatzlos weg: *Jedoch sollen alle Brüder, die den Ministern und Dienern unterstellt sind, mit verständiger Sorgfalt auf das achten, was die Minister und Diener tun. Und wenn sie sehen, daß einer von ihnen fleischlich wandelt und nicht geistlich, wie es der Rechtheit unseres Lebens entspricht, und er sich nach der dritten Ermahnung nicht bessert, dann sollen sie, ohne sich durch irgendeinen Widerspruch abbringen zu lassen, auf dem Pfingstkapitel dem Minister und Diener der gesamten Brüderschaft Bericht erstatten.* [128] Während also die nichtbullierte Regel von einem wechselseitigen Verhältnis zwischen Untergebenen und Vorgesetzten ausgeht, legt die Endgültige die Koordinaten von oben und unten eindeutig fest und spaltet den Orden auch sprachlich sehr deutlich in zwei Klassen, in die leitenden Brüder, die *Minister*, und die *Untergebenen.*

Die Tendenz, einen unkritischen, ja blinden Gehorsam zu fordern, setzt sich fort. Die zweite Celano-Legende schreibt Franziskus das aus der Mönchstradition stammende Gleichnis vom «Kadavergehorsam» zu, in dem der Heilige «den wahrhaft gehorsamen Ordensmann unter dem Bilde eines Leichnams beschrieb: ‹Nimm den entseelten Körper und lege ihn, wohin du willst; du wirst sehen, er leistet keinen Widerstand gegen die Bewegung, er murrt nicht wider seine Lage, er widerspricht nicht, wenn man ihn liegen läßt. [...] Das ist der wahrhaft Gehorsame. Er forscht nicht, warum er geschickt wird; er kümmert sich nicht darum, an welchen Platz er gestellt wird; er besteht nicht darauf, daß er versetzt werde.»[129]

Die innere Kontrolle wird nach außen dadurch ergänzt, daß der Orden der päpstlichen Herrschaftsgewalt unmittelbar unterstellt wird. Folgerichtig beginnt die bullierte Regel mit der doppelten Gehorsamspflicht, gegenüber den leitenden Stellen im Orden und in der Kirche. *Bruder Franziskus verspricht Gehorsam und Ehrerbietung dem Herrn Papst Honorius und seinen rechtmäßigen Nachfolgern sowie der Römischen Kirche. Und die anderen Brüder sollen verpflichtet sein, dem Bruder Franziskus und dessen Nachfolgern zu gehorchen.* [130] Das in der Endgültigen Regel verbindlich festgelegte Amt des Kardinalprotektors sicherte den päpstlichen Einfluß auf den Orden institutionell ab. *Außerdem befehle ich den Ministern im Gehorsam, vom Herrn Papst einen aus den Kardinälen der heiligen Römischen Kirche zu erbitten, der diese Brüderschaft lenke, in Schutz und in Zucht nehme, auf daß wir allezeit den Füßen dieser heiligen Kirche untertan und unterworfen* sind.[131]

In grundlegender Spannung zur hierarchischen Tendenz steht das Prinzip der Bruderliebe, das die Vorläufige Regel unmittelbar aus dem Prinzip der Nachfolge ableitet. *Und sie sollen sich gegenseitig lieben, wie der Herr sagt: «Das ist mein Gebot, daß ihr einander liebt, wie ich euch geliebt habe» (Joh 15,12).* [132] Die Endgültige Regel schränkt dieses umfassende Liebesgebot auf Not- und Krankheitssituationen ein. *Und wo immer die Brüder sind und sich treffen, sollen sie sich einander als Hausgenossen erzeigen. Und vertrauensvoll soll einer dem anderen seine Not offenbaren; denn wenn schon eine Mutter ihren leiblichen Sohn nährt und liebt […], um wieviel sorgfältiger muß einer seinen geistlichen Bruder lieben und nähren? Und wenn einer von ihnen schwer krank werden sollte, dann müssen die anderen Brüder ihm so dienen, wie sie selbst bedient sein wollten […].*[133] Bruderliebe sollen auch die Vorgesetzten gegenüber ihren Untergebenen praktizieren, indem sie ungehorsamen und in Sünde gefallenen Brüdern *mit Erbarmen eine Buße auferlegen […]. Und sie müssen sich hüten […], zornig und verwirrt zu werden; denn Zorn und Verwirrung verhindern […] die Liebe.*[134] Die franziskanische Regel wird in der Geschichte der Orden zur ersten, welche die körperliche Züchtigung ausschließt.

Nicht nur die Struktur, sondern auch das Leben der Gemeinschaft änderte sich von Grund auf. Armut, Handwerksarbeit und der soziale Dienst an Kranken und Armen bestimmten am Anfang das alltägliche Leben der Brüder. Jetzt wird die Armutsforderung teilweise aufgeweicht. Besaßen die Brüder ursprünglich nur die Kleider, die sie am Leib trugen, wird in den beiden Regeln der Besitz einer Ersatzkutte zugelassen, in der endgültigen Fassung auch der von Sandalen, falls die Witterungsverhältnisse, besonders in den kälteren Gegenden des Nordens, dies notwendig machen. *Und jene, die den Gehorsam schon versprochen haben, sollen einen Habit mit Kapuze und, falls sie ihn haben wollen, einen anderen ohne Kapuze haben. Und die durch Not gezwungen sind, können Schuhwerk tragen.*[135] Folgerichtig mußte die Bibelstelle, in der Jesus seinen Jüngern ausdrücklich verbietet, zwei Röcke zu haben und Schuhe zu tragen, nach einem heftigen Streit aus der Regel weichen.[136] Auch warnt die bullierte Regel vor dem Neid. *Ich warne und ermahne sie, jene Leute nicht zu verachten, noch zu verurteilen, die sie weiche und farbenfrohe Kleider tragen […] und sich auserlesener Speisen und Getränke bedienen sehen […].*[137] Kritik am Reichtum von Kirche und Klerus soll schon im Keim erstickt werden.

Weiterer Besitz bleibt allerdings verboten. *Die Brüder sollen sich nichts aneignen, weder Haus noch Ort noch irgendeine Sache.*[138] Besonders die Annahme von Geld ist streng untersagt. *Ich gebiete allen Brüdern streng, auf keine Weise Münzen oder Geld anzunehmen, weder selbst noch durch eine Mittelsperson.*[139] An dieser Stelle scheint die Endgültige Regel strenger als die Vorläufige. Während diese die Annahme von Geldspenden für kranke Brüder zuläßt, schließt die letzte Fassung dies eindeutig aus und erlaubt nur Sachspenden.

Zur bitteren Armut gehört die Nichtseßhaftigkeit. Während die Brüder ursprünglich nur zeitweilig bei der Portiuncola zusammenlebten,

Landschaft vor den Toren Assisis. Hier lebten zeitweilig Franziskus und die Bruderschaft. Im Hintergrund ein Turm der Rocca (Burg)

dann aber wieder in die Welt hinauszogen, steht die Vorläufige Regel am Übergang von der Wanderschaft zur Seßhaftigkeit. Sie kennt zwei Arten von Brüdern, solche, die *durch die Welt ziehen*, und andere, die *in Niederlassungen weilen*.[140] Zur Zeit der Endgültigen Regel scheint der Prozeß des Seßhaftwerdens beinahe schon abgeschlossen zu sein. Die Mehrzahl der Brüder lebt jetzt in klosterähnlichen Niederlassungen («loca»), die ganz im Gegensatz zu den älteren Orden in dichtbevölkerten Gegenden liegen, meist am Rande größerer Städte. Das freie Umherwandern, ursprünglich Pflicht für die Brüder, verbietet die Regel jetzt ausdrücklich, falls nicht der Vorgesetzte einen Reiseauftrag erteilt. Die Ratschläge für eine nichtseßhafte Lebensweise verwandeln sich nun in Anweisungen für das richtige Verhalten bei Reisen oder in Gebote, die das Verhältnis der Mönche zur Welt ganz allgemein beschreiben: Die Brüder sollen *anständig reden mit allen, wie es sich gehört.*[141] Aus der Schar der heimatlosen Brüder wird ein in Klöstern lebender Orden.

Während die Brüder, wie Franziskus in seinem Testament noch einmal betonte, ursprünglich ein Handwerk erlernen sollten, um sich von ihrer Hände Arbeit zu ernähren, geht die Vorläufige Regel davon aus, daß nur noch die Brüder handwerklich tätig sind, die sich bereits auf ein Handwerk verstehen. *Und die Brüder, die arbeiten können, sollen arbeiten und das Handwerk ausüben, das sie verstehen [...].* Denn es steht geschrieben: *«Wer nicht arbeiten will, soll nicht essen» (vgl. 2 Thess 3,10).*[142] Auch die Endgültige Regel spricht von der Arbeit, doch in ganz anderem Ton. *Jene Brüder, denen der Herr die Gnade zu arbeiten gegeben hat, sollen in Treue und Hingabe arbeiten, so zwar, daß sie den Müßiggang, welcher der Seele feind ist, ausschließen, aber den Geist des heiligen Gebetes und der Hingabe nicht auslöschen [...].*[143] Arbeit ist jetzt nicht mehr Handarbeit, sie dient nicht mehr dem Lebensunterhalt, sondern der Vermeidung von Müßiggang und Laster und wird weniger als Aufgabe denn als Gefahr angesehen.

Im selben Maß, in dem die Bedeutung der handwerklichen Arbeit in den Hintergrund tritt, nimmt die Bedeutung des Bettelns zu. Almosen zu erbitten ist in der Vorläufigen Regel eine Notlösung, wenn ein Bruder keine Arbeit oder keinen Lohn bekommt. *Und wenn es notwendig würde, mögen sie um Almosen gehen wie andere Arme.*[144] Diese Bestimmung verbindet die Brüder mit den einfachen ländlichen und städtischen Schichten, die in Zeiten wirtschaftlicher Not zum Betteln Zuflucht neh-

Kreuzgang im Franziskanerkloster von Dubrovnik (Ragusa), 1960

men mußten. Für die Endgültige Regel aber ist das Betteln nicht ein Grenz-, sondern der Normalfall. Das Bitten um Almosen wird unmittelbar aus den franziskanischen Grundregeln abgeleitet, scheint also jetzt zum Wesen des neuen Lebens unabdingbar dazuzugehören. *Und gleichwie Pilger und Fremdlinge [...] in dieser Welt, die dem Herrn in Armut und Demut dienen, mögen sie voll Vertrauen um Almosen gehen [...].* [145] Aus der handwerklich tätigen Gemeinschaft wird ein Bettelorden.

Noch krasser sind die Entwicklungen beim Umgang mit den Randgruppen der Gesellschaft. Der Vorläufigen Regel sind die Ausgestoßenen noch wichtig. *Alle Brüder [...] müssen sich freuen, wenn sie mit gewöhnlichen und verachteten Leuten verkehren, mit Armen und Schwachen und Aussätzigen und Bettlern am Wege.* [146] Keine Rede mehr davon in der Endgültigen Regel. Die Aussätzigen und Armen kommen nicht mehr in den Blick.

Neben der Struktur und dem Alltag änderte sich auch das geistliche Leben der Gemeinschaft. Frömmigkeitspraxis, Feier der Eucharistie, Gebet und Fasten sowie eine schlichte Theologie mit Predigt und Mission prägten die Aufbruchszeit.

Bestimmungen der Vorläufigen Regel, *katholisch [zu] sein, katholisch [zu] leben und [zu] reden*, die *Sünden Priestern [zu] beichten* und *den Leib und das Blut unseres Herrn Jesus Christus mit großer Demut und Verehrung [zu] empfangen*, entfielen in der Endgültigen Regel, da sie als selbstverständliche Voraussetzungen angesehen werden. [147] Dagegen leitet die letztere zum rechten Beten an, wie dies Franziskus in seinem Testament noch einmal eindringlich wiederholte: *Die Kleriker sollen das Göttliche Offizium nach der Anordnung der heiligen Kirche von Rom verrichten [...]. Die Laien aber sollen vierundzwanzig Vaterunser beten [...].* [148] Die Anweisung unterscheidet zwischen Kleriker- und Laienbrüdern und verstärkt damit einen Riß, den die Vorläufige Regel dadurch zu schließen versuchte, daß sie ausdrücklich *alle Brüder, seien sie Kleriker oder Laien*, dazu anhielt, das Stundengebet (Offizium) zu verrichten. [149] Die ohnehin großzügigen Fastenregeln werden in der Endgültigen Regel weiter gelockert. *Und sie sollen fasten vom Feste Allerheiligen bis zur Geburt des Herrn. [...] Die andere Fastenzeit [...] bis zur Auferstehung des Herrn sollen sie halten. [...] Jedoch zur Zeit offensichtlicher Not sollen die Brüder zu leiblichem Fasten nicht gehalten sein.* [150] Strengste Enthaltsamkeit aber ist im sexuellen Bereich angesagt. Schon im Vorfeld ist hier ein Riegel vorzuschieben. *Ich befehle streng allen Brüdern, keine Verdacht erregende Beziehungen oder Beratungen mit Frauen zu haben [...].* [151] Die Erleichterungen in der Kleider-, Gebets- und Fastenfrage führen dazu, daß die Ordensmitglieder besser unter den Menschen wirken können.

Die Theologie der Brüder sollte «demütig» sein, das heißt schlicht und einfach. Der kirchlichen Endredaktion fiel nach einem heftigen Streit

Die von Papst Honorius III. bestätigte Ordensregel der Franziskaner aus dem Jahr 1223. Assisi, Schatzkammer von S. Francesco

eine Passage zum Opfer, welche die Hoffnung auf das Reich Gottes zum Ausdruck brachte und nach einer Quelle wie folgt lautete: «Nichts sollen sie unter dem Himmel haben wollen als die heilige Armut, durch welche sie vom Herrn in diesem Aeon ernährt werden durch körperliche und geistliche Speisen, und im zukünftigen Aeon werden sie die himmlische Erbschaft erlangen.»[152] Als immer mehr gelehrte Theologen der Bruderschaft beitraten, verloren die ursprüngliche Endzeitstimmung und die schlichte Friedenshoffnung an Bedeutung, während die Theologie wissenschaftlichere und differenziertere Gestalt annahm. Die Endgültige Regel versuchte in einem Kompromiß, beiden Seiten gerecht zu werden, indem sie einerseits theologische Studien erlaubte, andererseits aber verfügte, daß diejenigen Brüder, *die von den Wissenschaften keine Kenntnis haben, […] nicht danach trachten [sollen], Wissenschaften zu erlernen*[153]. Damit aber schrieb sie die Spaltung des Ordens in gelehrte und ungelehrte Brüder fest und schloß eine Durchlässigkeit des Systems aus.

Auch die Predigttätigkeit führte dazu, daß sich im Orden unterschiedliche Gruppen, ja Schichten herausbildeten. Sollte ursprünglich jeder der Brüder mit dem Einverständnis des zuständigen Bischofs das Reich Gottes verkündigen können, machten die beiden erhaltenen Regeln das Predigen von der Erlaubnis des Ministers bzw. des Generalministers abhängig. *Die Brüder sollen im Bistum eines Bischofs nicht predigen, wenn es ihnen von diesem untersagt worden ist. Und auf keine Weise getraue sich irgendein Bruder, dem Volke zu predigen, er sei denn vom Generalminister dieser Brüderschaft geprüft und bestätigt und es sei ihm von diesem das Predigtamt gestattet worden.*[154] Damit scheint die Predigtaufgabe zu einem festen Amt geworden zu sein, das nur noch auserwählten Brüdern zugänglich war, dann aber auf Dauer ausgeübt wurde, als ein fester Beruf. Die zweite Regel versuchte noch, diese Entwicklung aufzuhalten. *Und kein Minister oder Prediger soll das Amt des Ministers der Brüder oder das Predigtamt sich aneignen, sondern zu jeder Stunde, wenn es ihm befohlen wird, soll er ohne jeden Widerspruch auf sein Amt verzichten.*[155] Diese Einschränkung fehlt in der Endgültigen Regel. Die Brüderschaft der freien Laienprediger wandelte sich zu einem Predigerorden.

Eine ähnliche Entwicklung findet sich in der Frage der Mission. Während die Brüder ursprünglich nach freiem Willen zur Mission unter die «Heiden» ziehen konnten, machen die Regeln die Ausreise von der Entscheidung der Ordenshierarchie abhängig. *Alle Brüder, die auf göttliche Eingebung hin unter die Sarazenen oder andere Ungläubige gehen wollen, sollen dazu von ihren Provinzialministern die Erlaubnis erbitten.*[156] Während die Vorläufige Regel die Oberen dazu auffordert, bei der Erteilung der Reiseerlaubnis großzügig zu verfahren, schränkt die Endgültige Regel die Auswahl ein. *Die Minister aber sollen nur denen die Erlaubnis zu gehen erteilen, die sie tauglich finden, geschickt zu werden.*[157] Wie bei den Theologen und Predigern scheint sich auch hier eine Entwicklung zu einem eigenen Berufsstand von Missionaren anzubahnen.

Wie sich die franziskanische Bruderschaft an die Form der kirchlichen Orden annäherte und worin sie sich weiterhin von den traditionellen Orden unterschied, zeigt ein Vergleich der Endgültigen Regel mit der Benedikterregel, welche die Grundlage des abendländischen Mönchtums darstellt.[158] In beiden Werken spielen die bekannten Forderungen nach Armut, Keuschheit und Gehorsam eine zentrale Rolle. Im Zentrum des geistlichen Lebens stehen Gottesdienst und Gebet. Die Organisation ist hierarchisch. Deutlich sind aber auch die Differenzen. Das Armutsgebot der Franziskanerregel ist schärfer gefaßt, gilt auch für die Gemeinschaft als ganze, nicht nur für den einzelnen Mönch. Umgekehrt sind Fasten- und Strafvorschriften wesentlich milder formuliert. Schließlich verändert sich das Verhältnis zur Welt radikal. Während die Benediktinerregel vom Ideal der nach außen abgeschlossenen, in sich autarken Klosterwelt

Benozzo Gozzoli: Die Begegnung zwischen dem hl. Franziskus und dem hl. Dominikus. Fresko, 1451/52. Montefalco, Museo di S. Francesco

ausgeht, von unbedingt notwendigen Reisen mit großen Bedenken, von nichtseßhaften, umherziehenden Mönchen (Gyrovagen) aber voll Abscheu spricht, sieht die Franziskanerregel den Dienst an der Welt, vor allem Predigt und Mission, als wesentliche Aufgabe. Neu ist die straff zentralistische Leitung und die enge Bindung des Franziskanerordens an den Papst.

Mit seiner Seelsorge- und Predigttätigkeit in größeren Städten geriet der Franziskanerorden in Konkurrenz zum Ortsklerus, der sich in seinen Aufgaben beschränkt sah, und ebenso zum anderen großen, in derselben Zeit entstehenden Bettelorden, den Dominikanern. Den Streit mit der örtlichen Geistlichkeit versuchte die Endgültige Regel dadurch beizulegen, daß die öffentliche Wirksamkeit der Franziskaner von der Erlaubnis des zuständigen Bischofs abhängig gemacht wird. Nicht ganz so einfach war die Regelung zwischen den beiden Bettelorden.[159]

Dominikus, ein 1170 geborener spanischer Priester, bekehrte sich, lebte arm, zog umher und predigte, scharte Anhänger um sich, zuerst in Südfrankreich, dann in der Lombardei, in den Zentren der Armutsbewegung. 1216 erkannte Papst Honorius III. seinen Orden, der sich vor allem der Predigt widmete und darum auch «Predigerorden» genannt wird, an. Dominikus starb 1221 und wurde 1234 heiliggesprochen.

Die Gründer der beiden Bettelorden werden häufig als grundverschiedene Charaktere einander gegenübergestellt – hier der charismatische Franziskus, dort der organisatorisch begabte Dominikus. Doch liegt ihr Gegensatz auf einer tieferen Ebene. Franziskus stellte die Nachfolge Christi ins Zentrum, betonte neben der Armut den Frieden. Dominikus zielte vor allem auf die Bekehrung der Ketzer und nahm dabei gewalttätige Mittel in Kauf. Den später heftiger werdenden Konflikt der beiden Bettelorden versucht die Legende auf ideale Weise zu schlichten. Sie erzählt, bei einer Begegnung hätten die Ordensgründer einander an gegenseitiger Höflichkeit und Demut übertroffen. Die reale Lösung war nicht ganz so einfach. Eine gewisse Arbeitsteilung erfolgte dadurch, daß sich die Franziskaner auf die Mission und die Seelsorge am gläubigen Kirchenvolk, die Dominikaner aber auf die Auseinandersetzung mit ketzerischen Strömungen konzentrierten. Dabei entwickelte sich der Dominikanerorden zum wichtigsten Träger der päpstlichen Inquisition, in deren Mühlen der Franziskanerorden einhundert Jahre nach seiner Gründung geriet.

Rückzug

Wie verhielt sich Franziskus angesichts der Veränderung der von ihm gegründeten Gemeinschaft?[160] Er versuchte in vielfältiger Weise, auf die Ordensentwicklung Einfluß zu nehmen, sie in seinem Sinne zu lenken. Er wendet sich an die Brüder selbst, er lockt, mahnt und droht. Jetzt, in den letzten Lebensjahren, äußert er sich schriftlich. Im *Brief an den gesamten Orden* fordert er energisch zur Einhaltung der Regel auf. *Diejenigen Brüder aber, die dies nicht beobachten wollen, halte ich nicht für katholisch und nicht für meine Brüder. Ich will sie auch nicht sehen, noch mit ihnen sprechen, bis sie Buße getan haben.*[161] Er versucht, die Verantwortlichen im Orden zur Rechenschaft zu ziehen und stößt nach einer alten

Ugolino (da Segni), Kardinal von Ostia, der spätere Papst Gregor IX. Darstellung aus den «Decretales», 1473

Legende einmal die drohenden Worte hervor: «Wer sind die, welche meinen Orden und meine Brüder meinen Händen entrissen haben? Wenn ich zum Generalkapitel komme, werde ich ihnen zeigen, was ich will.»[162] Und wenn er sieht, daß er im Orden auf taube Ohren stößt, ersucht er den Papst oder den Kardinalprotektor um ein Machtwort.

Der Streit zwischen Franziskus und dem Orden galt in erster Linie der Regel und ihren beiden wichtigsten Forderungen, Armut und Demut.

Eine alte Geschichte erzählt, Franziskus habe sich eines Tages mit wenigen Getreuen auf einen Berg begeben, um eine neue Regel zu verfassen. Als sich daraufhin die Ordensoberen am Fuß des Berges versammelten, um gegen die Strenge der Vorschriften zu protestieren und eine mildere Regel zu fordern, verteidigte Christi Stimme aus der Höhe die Auffassung des Heiligen: «Franziskus, nichts aus deiner Regel stammt von dir, sondern alles ist mein, was darin ist; und ich will, daß diese Regel also befolgt werde: auf den Buchstaben, auf den Buchstaben, auf den Buchstaben; ohne Deutelei, ohne Deutelei, ohne Deutelei.»[163] Obwohl die Geschichte ganz nach dem alttestamentlichen Vorbild der Gesetzgebung durch Mose am Sinai gebildet ist, erzählt sie doch treffend, daß zwischen dem Heiligen nebst seinen Vertrauten und der Ordens- und Kirchenleitung eine heftige Auseinandersetzung um die Regel entbrannte.

Die Vorläufige Regel ist ein Kompromiß beider Seiten, wie schon die Einleitung deutlich macht. *Dies ist das Leben des Evangeliums Jesu Christi, welches Bruder Franziskus vom Herrn Papst Innozenz erbeten hat, daß es ihm gewährt und bestätigt würde. Und dieser gewährte und bestätigte es ihm und seinen Brüdern, den damaligen und den zukünftigen.* [164] Die Endgültige Regel hat andere Voraussetzungen. Sie blickt in umgekehrter Richtung, von der erhabenen päpstlichen Warte aus: «Honorius, Bischof, Diener der Diener Gottes, den geliebten Söhnen, Bruder Franziskus und den anderen Brüdern vom Orden der Minderen Brüder, Heil und Apostolischen Segen. Der Apostolische Stuhl pflegt sich frommen Begehren zu neigen und geziemenden Wünschen der Bittsteller wohlwollende Förderung zu erteilen. Daher, im Herrn geliebte Söhne, haben Wir Uns euren frommen Bitten geneigt und bestätigen euch kraft apostolischer Vollmacht die Regel eures Ordens, die von Papst Innozenz, Unserem Vorgänger seligen Angedenkens, gutgeheißen wurde und in vorliegendem Schreiben festgehalten ist, und bekräftigen sie durch den Schutz gegenwärtigen Schreibens.» [165] Die Endgültige Regel trägt so sehr die Handschrift des päpstlichen Beauftragten Ugolino, daß er mitunter als der eigentliche Ordensgründer bezeichnet wurde. Franziskus hatte auf die Endredaktion wohl kaum mehr einen unmittelbaren Einfluß. Dennoch verteidigte er die Regel in seinem Testament, interpretiert sie dabei allerdings in seinem Sinne.

Besonders in der Armutsfrage blieb Franziskus radikal und konsequent. Davon sprechen die authentischen Schriften und ebenso die kritischen Legendensammlungen. «Der selige Franziskus sagte [...]: ‹Das war und ist meine erste und letzte Absicht und mein Wille – wenn die Brüder mir nur geglaubt hätten –, daß kein Bruder etwas haben darf außer dem Kleid, wie es unsere Regel uns zugesteht, mit dem Strick und der Hose.›» [166] Diese Version wird durch die klaren Aussagen des Testaments bestätigt. Ebenso unmißverständlich äußert Franziskus in seinem letzten Willen, daß jeder Bruder ein Handwerk erlernen und das Betteln die Ausnahme sein soll.

Nicht ganz so eindeutig zu bestimmen ist die Haltung des Franziskus in der Frage, ob die Brüder wissenschaftliche Theologie treiben dürfen oder nicht. In einem Franziskus zugeschriebenen *Brief an den heiligen Antonius* von Padua (ca. 1195–1231), den ersten Wissenschaftler des Ordens, wird die Frage bejaht, wenn auch nicht uneingeschränkt. *Dem Bruder Antonius, meinem Bischof, wünsche ich, Bruder Franziskus, Heil. Es gefällt mir, daß du den Brüdern die heilige Theologie vorträgst, wenn du nur nicht durch dieses Studium den Geist des Gebetes und der Hingabe auslöschest, wie es in der Regel steht.* [167] Im Gegensatz dazu berichtet eine in unterschiedlichen Versionen erzählte Legende, daß der Heilige in maßlosen Zorn geriet, als er auf der Durchreise in der bedeutenden Universitätsstadt Bologna erfährt, daß die Brüder dort ein Studienhaus be-

Bonaventura Berlinghieri: Franz von Assisi. Altarbild, 1235. Pescia, S. Francesco

sitzen. Er möchte alle Brüder aus dem Haus treiben, das Gebäude selbst niederreißen. Als aber der Kardinalprotektor Ugolino das Haus in seinen Besitz nimmt, lenkt Franziskus ein. Von einer völlig unversöhnlichen Haltung berichtet eine andere Legende, nach der Franziskus bei einem Pfingstkapitel in Anwesenheit des Kardinals Ugolino drohende Worte hervorstieß: «‹Der Herr wollte mich als Einfaltspinsel haben, und darin liegt unsere gesamte Wissenschaft. Gott wird euch durch eure Gelehrsamkeit und Bildung vernichten […].› Der Kardinal erstarrte und sagte kein Wort, und alle Brüder fürchteten sich sehr.»[168]

Im Streit um die Askese nahm Franziskus nach den kritischen Legendensammlungen eine mäßigende Haltung ein. «Außerdem tadelte der liebevolle Vater seine Brüder, wenn sie allzu streng gegen sich selbst waren und in Nachtwachen, Fasten und körperlichen Übungen übertrieben.»[169] Eine Legende erzählt anschaulich, Franziskus habe einem Bruder, der schrie, er sterbe vor Hunger, mitten in der Nacht den Tisch decken lassen und gemeinsam mit ihm gegessen.

In der Frage des Gehorsams scheint Franziskus gespalten. In der Aufbruchsstimmung setzte er auf Gleichheit. Dann nahmen die autoritären Tendenzen mehr und mehr zu. Die Gehorsamsforderung verstand er als Konsequenz der Nachfolge, bei welcher der Jünger den eigenen Willen aufs Spiel setzt. *Der Herr sagt im Evangelium: «Wer nicht allem entsagt, was er besitzt, kann nicht mein Jünger sein» […]. Jener Mensch verläßt alles, was er besitzt, […] der sich selbst zum Gehorsam ganz in die Hände seines Oberen übergibt.*[170] Umgekehrt aber warnte Franziskus nach einer Legende die Oberen davor, ihre Macht auszuspielen und unnötigerweise «im Namen des Gehorsams» Befehle zu erteilen. «Wir dürfen unsere Hand nicht zu schnell an das Schwert legen.»[171] Im *Brief an einen Minister* mahnte er einen Amtsträger des Ordens, mit den Untergebenen brüderlich umzugehen. *Dem Bruder N., dem Minister […]: es darf keinen Bruder auf der Welt geben, mag er auch gesündigt haben, soviel er nur sündigen konnte, der deine Augen gesehen hat und dann von dir fortgehen müßte ohne dein Erbarmen […].*[172] Gegen Ende seines Lebens aber forderte Franziskus in seinem Testament eine harte Haltung gegenüber «Abweichlern» und ihre sofortige Unterstellung unter die richterliche Gewalt des Kardinalprotektors. Auch erklärte er für die eigene Person eine absolute Gehorsamsbereitschaft gegenüber der Ordensleitung.

Ähnlich gespalten wie in der Frage des Gehorsams gegenüber den Vorgesetzten im Orden ist Franziskus in seiner Einstellung zur kirchlichen Hierarchie. Sein Selbstbewußtsein steht in Spannung zu seiner Demut, die Nachfolge in Konkurrenz zur unkritischen Einordnung in die Kirche. Er fordert immer wieder eine päpstliche Einmischung in den Orden und die absolute Unterordnung des Ordens unter die kirchliche Hierarchie. Doch zugleich verbietet er seinem Orden die Annahme kirchlicher Privilegien und der kirchlichen Hierarchie Eingriffe in die Regel und in sein Testament. Unabhängigkeit und Unterordnung mischen sich zu einem untrennbaren Gewebe. So kann Franziskus in einem Atemzug davon sprechen, daß ihm die Ordensregel von Gott selbst unmittelbar offenbart und daß sie ihm zugleich vom Papst bestätigt wurde. Nachfolge Jesu und Gehorsam gegenüber der Kirche sind für ihn eins. *Und wir wissen, daß wir dies alles vor allem anderen beobachten müssen nach den Geboten des Herrn und den Bestimmungen der heiligen Mutter*

Kirche.[173] Gottes Willen zeigt sich für ihn im Evangelium wie in der Kirche, in der unmittelbaren Offenbarung wie in der vermittelnden Institution. So findet seine Gewaltlosigkeit nicht zur Kritik an den Kreuzzügen der Kirche, seine Armut nicht zur Anklage gegen ihren Reichtum, sein Sendungsbewußtsein nicht zum Mißtrauen gegen ihre Macht. Vertrauensvoll wendet er sich an die Kirche wie an eine Mutter, liebt sie und läßt sich von ihr schützen und eben auch – täuschen. Nur so sind seine paradoxen Worte zu verstehen, er wolle, wenn Priester ihn verfolgten, doch eben bei ihnen Zuflucht suchen. Oder seine Aufforderung, Abweichler im Orden mit allen erdenklichen Mitteln zu verfolgen, sie in Haft zu nehmen und dann dem Kardinalprotektor zum Prozeß auszuliefern. Franziskus kämpft gegen ketzerische Strömungen, auch innerhalb der Bruderschaft. Die Kristallisationspunkte der franziskanischen Bewegung deckten sich mit den Zentren der Armuts- und Ketzerbewegungen. Die Grenze zwischen rechtgläubigen Ordensmitgliedern und häretischen Kirchenkritikern konnte da leicht verschwimmen. Der problematischste Widerspruch bei Franziskus ist, daß er, der Gewaltlose, die Andersdenkenden inner- und außerhalb des Ordens der kirchlichen, keineswegs gewaltlosen Macht preisgab. Doch für diesen Widerspruch war er wohl blind.

Zwei Gräben tun sich auf. Der äußerlich sichtbare verläuft zwischen Franziskus samt seinen Getreuen, den einfachen, schlichten Brüdern der frühen Zeit, und den aus höheren Schichten stammenden, gelehrten, mit Leitungsfunktionen beauftragten Brüdern, welche durch die päpstliche Kurie unterstützt werden. Der andere Riß verläuft durch die Person des Franziskus selbst und durchkreuzt den verzweifelten Versuch des Heiligen, einem höchsten Ideal nachzuleben und sich zugleich mit der irdischen Realität, der Institution der mittelalterlichen Großkirche, zu arrangieren.

Bruder Tod

Und die Brüder sollen nicht sagen: Dies ist eine andere Regel; denn dies ist eine Erinnerung, Ermahnung, Aufmunterung und mein Testament, das ich, der ganz kleine Bruder Franziskus, euch, meinen gebenedeiten Brüdern, aus dem Grunde mache, damit wir die Regel, die wir dem Herrn versprochen haben, besser katholisch beobachten.[174]

In den letzten Lebensjahren, seit den Auseinandersetzungen um die Endgültige Regel, zog sich Franziskus häufig in die Einsamkeit zurück, als kehrte er dem Orden den Rücken. In Wirklichkeit wollte er durch sein Beispiel die Brüder zu den Anfängen zurückführen. Aufs neue beginnt er, die Nachfolge Jesu zu verwirklichen.

Im Spätsommer des Jahres 1224 ist er in einer Einsiedelei am Berg Alverna. Er meditiert und fastet. Er versenkt sich ins Leiden Christi. Da geschieht, wie die Legenden berichten, im September 1224 etwas Außergewöhnliches: «Eines Morgens – es war zwei Jahre vor seinem Hinscheiden – betete er um das Fest Kreuzerhöhung am Abhang des Berges, der Alverna heißt. Während [...] sein bereitwilliges Mitleiden ihn in den umgestaltete, der aus übergroßer Liebe gekreuzigt werden wollte, erschien ihm ein Seraph [Engel]. Dieser hatte sechs Flügel [...]. Hände und Füße hielt er ausgespannt wie ein Kreuz und trug ganz deutlich die Züge des Herrn Jesus. [...] Als die Erscheinung verschwand, blieb in seiner Seele eine wunderbare Glut der Liebe zurück. Noch wunderbarer aber war es, daß die Wundmale unseres Herrn Jesus Christus in seinem Fleisch eingeprägt erschienen.»[175]

Die Echtheit der Stigmen ist umstritten. Im Extremfall gelten sie entweder als Beweis für die Einzigartigkeit des Heiligen oder schlicht als Erfindung.[176] Es mag sein, daß sich bei Franziskus, der zu sensiblen, psychosomatischen Reaktionen neigte, die extreme Identifizierung mit dem Leben und Leiden Jesu nun auch körperlich zeigte. Der Heilige folgte dem Gekreuzigten so konsequent, daß er nicht nur im Herzen, wie schon seit seiner Bekehrung, sondern nun, gegen Ende des Lebens, auch an seinem Leib die Wunden des Erlösers trug und damit, laut der ersten Celano-Legende, vollständig «in den Wunden des Erlösers ruhte»[177].

Giotto di Bondone: Franziskus empfängt die Wundmale Christi auf dem Berg La Verna. Fresko, um 1295/1300. Assisi, Oberkirche von S. Francesco, Langhaus

Daß der Prozeß der Nachfolge gegen Ende des Lebens von Franziskus zur Vollendung kommt, zeigt sich auch sonst. Er will wieder zu seiner ursprünglichen Radikalität zurückkehren, möchte Aussätzige pflegen, umherziehen, das Reich Gottes verkündigen. Im Winter begibt er sich auf Wanderschaft, doch zwingen ihn körperliche Schwächen und Gebrechen zur Rückkehr. In der Heimat lebt er bis zum Herbst des Jahres 1225 abwechselnd in einer Hütte bei seiner geliebten Portiuncola, im Palast des Bischofs und im Garten von San Damiano, wo Klara ihn pflegt. Er ist schwer krank. Die Augenkrankheit, die er sich in Ägypten zuzog, macht ihm mehr und mehr zu schaffen, er wird beinahe blind. Zudem quälen ihn andere Leiden; Magen, Leber, Milz bringen immer wieder starke Beschwerden. Er leidet an Depressionen oder «Anfechtungen», wie die Legenden sagen. Vielleicht steht hinter der Trauer die Sorge um die Entwicklung des Ordens.

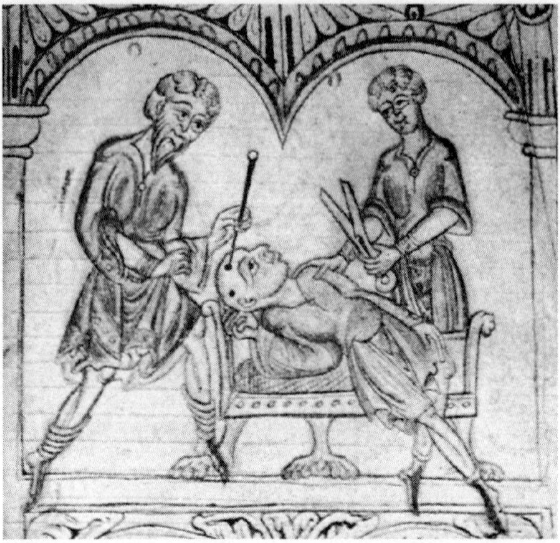

Chirurgischer Eingriff. Die Schläfen werden mit Eisenstäben gebrannt. Miniatur aus einer englischen Sammlung kurzer medizinischer und astronomischer Abhandlungen. Zeichnung, frühes 12. Jahrhundert. Durham Cathedral

Im Herbst 1225 und im Frühling 1226 reist Franziskus durch Mittelitalien und hält sich dabei auch in Siena auf. Wegen seiner Augenkrankheit nimmt er ärztliche Hilfe in Anspruch. Eine Operation, bei der die Schläfen mit einem glühenden Eisen geätzt werden, hilft nicht. Dann erleidet er einen Blutsturz. Im Frühjahr 1226 wird der Todkranke schließlich nach Assisi zurückgebracht, auf der Reise streng bewacht, damit sich keine andere Stadt in den Besitz des Körpers bringt, von dem man erwartet, daß er bald zur wertvollen Reliquie wird. In Assisi lebt er bis zum September im Palast des Bischofs.

Im späten Sommer oder frühen Herbst des Jahres 1225 entsteht im Garten von San Damiano der *Sonnengesang*. Er wird zum bekanntesten Werk des Franziskus. Hier findet sein besonderes Natur- und Gottesverhältnis seinen gelungensten Ausdruck. Der *Sonnengesang* ist höchste Poesie, im umbrischen Dialekt des 13. Jahrhunderts gesprochen, mündlich tradiert und später erst schriftlich fixiert. Er ist eines der seltenen Beispiele früher italienischer Poesie, zugleich das einzige Lied von Franziskus, das erhalten ist. Er hat wohl mehrere verfaßt, eines davon für Klara. Der Jugendtraum, ein fahrender Sänger, ein Troubadour zu werden, erfüllt sich nun, auf verwandelte, vollendete Weise. Wenn Trauer und Schmerz übermächtig werden, läßt er sich von den Gefährten den *Sonnengesang* vorsingen, als Tröstung.

Der *Sonnengesang* entsteht nicht völlig unvermittelt, er hat Vorläufer in den alttestamentlichen Psalmen, besonders in Psalm 148. Franziskus aber geht über die Tradition weit hinaus, wenn er Sonne und Mond als

Geschwister des Menschen bezeichnet und mit den familiären Bezeichnungen die enge Verbundenheit von Mensch und Natur in einzigartiger Weise zum Ausdruck bringt.[178]

Erhabenster, allmächtiger, guter Herr,
dein sind der Lobpreis, die Herrlichkeit
und die Ehre und jegliche Benedeiung.
Dir allein, Erhabenster, gebühren sie,
und kein Mensch ist würdig, dich zu nennen.
Gepriesen seist du, mein Herr,
mit allen deinen Geschöpfen,
zumal der Herrin, Schwester Sonne,
denn sie ist der Tag,
und spendet das Licht uns durch sich.
Und sie ist schön und strahlend in großem Glanz.
Dein Sinnbild trägt sie, Erhabenster.
Gepriesen seist du, mein Herr,
durch Bruder Mond und die Sterne,
am Himmel hast du sie gebildet,
hell leuchtend und kostbar und schön.
Gepriesen seist du, mein Herr,
durch Bruder Wind und durch Luft und Wolken
und heiteren Himmel und jegliches Wetter,
durch welches du deinen Geschöpfen den Unterhalt gibst.
Gepriesen seist du, mein Herr,
durch Schwester Wasser,
gar nützlich ist es
und demütig und kostbar und keusch.
Gepriesen seist du, mein Herr,
durch Bruder Feuer,
durch das du die Nacht erleuchtest;
und es ist schön und liebenswürdig
und kraftvoll und stark.
Gepriesen seist du, mein Herr,
durch unsere Schwester, Mutter Erde,
die uns ernährt und lenkt
und mannigfaltige Frucht hervorbringt
und bunte Blumen und Kräuter.[179]

Eine weitere Strophe, die sogenannte Friedensstrophe, fügte Franziskus hinzu, als er sich noch einmal unmittelbar in eine politische Auseinandersetzung einschaltete. Bischof und Bürgermeister von Assisi führten einen erbitterten Streit, bei dem es um die Frage kirchlicher Abgaben an die Stadt ging, also um die bekannte Auseinandersetzung um die Macht-

und Geldverteilung zwischen der alten, feudalaristokratischen und der neuen, bürgerlichen Führungsschicht. Der Bürgermeister wurde vom Bischof exkommuniziert und verbot daraufhin jeden Handel mit dem geistlichen Oberhaupt. In dieser kritischen Phase schaltete sich Franziskus ein und trug nach den Legendenberichten mit seiner Autorität sogar dazu bei, daß die streitenden Parteien zu einer für beide Seiten akzeptablen Lösung gelangten. Die Friedenssehnsucht des Franziskus findet in der neuen Strophe des *Sonnengesangs* einen überzeugenden Ausdruck:

Gepriesen seist du, mein Herr,
durch jene, die verzeihen um deiner Liebe willen
und Schwachheit ertragen und Drangsal.
Selig jene, die solches ertragen in Frieden,
denn von dir, Erhabenster, werden sie gekrönt.[180]

Franziskus spürt, daß der Tod naht. Er bereitet sich auf ihn vor, nimmt ihn an, sieht auch ihn als Teil der guten Schöpfung Gottes, als Bruder des Menschen. Er ist einverstanden mit ihm. Eine Legende berichtet, Franziskus habe dem Arzt, der ihn auf den Ernst der Lage hinwies, geantwortet: «Es ist gut, daß mein Bruder, der Tod, komme!»[181] In dieser Erwartung des Todes verfaßte Franziskus die letzte Strophe des *Sonnengesangs*:

Gepriesen seist du, mein Herr,
durch unseren Bruder, den leiblichen Tod;
ihm kann kein Mensch lebend entrinnen.
Wehe jenen, die in schwerer Sünde sterben.
Selig jene, die sich in deinem allheiligen Willen finden,
denn der zweite Tod wird ihnen kein Leides tun.
Lobet und preiset meinen Herrn
und erweiset ihm Dank
und dient ihm mit großer Demut.[182]

Der Tod, so Franziskus, kann dem, der vorbereitet ist, nichts anhaben, er ist Bruder und Freund. Nur der zweite Tod, das göttliche Gericht, ist gefährlich. So bereitet der Heilige sich und den Orden auf das himmlische Leben vor.

Trotz seines Rückzugs in die Einsamkeit und in den Kreis der nächsten Vertrauten fühlte sich Franziskus bis zu seinem Tod für den Orden verantwortlich. Noch einmal versuchte er die Brüder dazu zu bringen, zum ursprünglichen franziskanischen Geist zurückzukehren. Zu diesem Zweck verfaßte er sein geistliches Testament.[183] Mehrmals äußerte Franziskus in seinem Leben seinen letzten geistlichen Willen, das erste Mal wohl vor seiner Reise in den Nahen Osten, bei der er den Märtyrertod er-

Irene Ehle: Sonnengesang: Bruder Tod. Seidenbatik, 1984

wartete, ein anderes Mal während seines Aufenthaltes in Siena, wo er schwer erkrankte und seine Grundanliegen, Bruderliebe, Armut und Gehorsam, eindringlich zusammenfaßte. *Weil ich wegen der Schwäche und der Schmerzen der Krankheit nicht sprechen kann, tue ich kurz in diesen drei Worten meinen Brüdern meinen Willen kund, nämlich: daß sie sich zum Zeichen des Gedenkens an meinen Segen und an mein Vermächtnis immer gegenseitig lieben; daß sie immer unsere heilige Herrin Armut lieben und beobachten sollen; und daß sie immer den Prälaten und Klerikern der heiligen Mutter Kirche treu und untergeben sein sollen.*[184]

Das endgültige Testament verfaßte Franziskus in seinen letzten Lebenstagen im September oder Anfang Oktober des Jahres 1226. Dieses Testament, zugleich eine geistliche Autobiographie, führt der Gemeinschaft die Grundlagen der Nachfolge Jesu noch einmal deutlich vor Augen: Armut, Aussätzigenpflege, Handarbeit, Friedenspredigt, Gehorsamspflicht und die zentrale Bedeutung der Eucharistie. Der Streit im

Giotto di Bondone: Der Tod des hl. Franziskus. Fresko, um 1315/20. Florenz, Sta. Croce, Bardi-Kapelle

Orden ist nicht spurlos an ihm vorübergegangen. Jetzt redet ein zorniger alter Mann, aber keineswegs ein gebrochener. Vielmehr nimmt der Ordensgründer, der sich von der Leitung seines Lebenswerkes längst zurückgezogen hat, eine ganz erstaunliche Autorität für sich in Anspruch. Das Testament soll genauso verbindlich sein wie die Regel selbst. Im Streit um die Ordensentwicklung und die Regel bezieht der Heilige eine ganz eindeutige und einseitige Position und sieht sich genötigt, den naheliegenden Gedanken abzuwehren, zwischen der Ordensleitung und seiner Position bestünde eine Kluft. Er will daran glauben, daß die Regel und sein Testament ein und dasselbe ausdrücken, daß sein Testament nur eine genauere Erläuterung der Regel sei.

Zum Schluß segnet Franziskus die, welche sich seinem Nachfolgeverständnis anschließen: *Und wer immer dieses beobachtet, werde im Himmel erfüllt mit dem Segen des höchsten Vaters und werde auf Erden erfüllt mit dem Segen seines geliebten Sohnes in Gemeinschaft mit dem Heiligsten Geiste, dem Tröster, und allen Kräften des Himmels und allen Heiligen. Und ich, der ganz kleine Bruder Franziskus, euer Knecht, bestätige euch, soviel ich nur kann, innen und außen diesen heiligsten Segen.*[185]

Das Vermächtnis für den Zweiten Orden, die Klarissen, betont noch einfacher und eindeutiger die Grundlagen und die Quintessenz des franziskanischen Lebens: Nachfolge und Armut. *Ich, der ganz kleine Bruder Franziskus, will dem Leben und der Armut unseres höchsten Herrn Jesus Christus und seiner heiligsten Mutter nachfolgen und darin bis zum Ende*

Giotto di Bondone: Klara und ihre Schwestern beweinen den Leichnam des Franziskus. Fresko, um 1295/1300. Assisi, Oberkirche von S. Franceso, Langhaus

verharren. Und ich bitte euch, meine Herrinnen, und gebe euch den Rat, ihr möchtet doch allezeit in diesem heiligsten Leben und in der Armut leben. Und hütet euch sehr, daß ihr nicht auf die Lehre oder den Rat von irgend jemand hin in irgendeiner Form auf ewig davon abweicht.[186]

Nachdem Franziskus seine Sorge um die Entwicklung der beiden Orden schriftlich ausgedrückt hat, wendet er sich seinen engsten Vertrauten zu, allen voran Bruder Leo und Schwester Klara, und segnet sie. Der Sterbende hat noch die Kraft, den Segen an Bruder Leo mit eigener Hand festzuhalten: *«Der Herr segne und behüte dich. Er zeige dir sein Angesicht und erbarme sich deiner. Er wende dir sein Antlitz zu und schenke dir den Frieden» (Num 6,24–26). Der Herr segne dich, Bruder Leo […].*[187] Da Klara selbst krank war und deshalb den Todgeweihten nicht besuchen konnte, schrieb Franziskus auch ihr einen Brief, der einen Segen enthielt.[188]

Franziskus stirbt einen langsamen, qualvollen Tod. Der neuzeitliche Mensch wünscht sich kein solches Ende. Die Menschen des Mittelalters dachten anders. Ihnen war wichtig, daß der Sterbende Zeit hatte, mit dem nahenden Tod einig zu werden, und zugleich den Beistand der Vertrauten zu erfahren. In diesem Sinn hatte Franziskus einen guten Tod, bei allem Leiden. Er bereitete sich auf den Tod schon seit langem vor. Die letzten Tage verbrachte er im Kreis seiner engsten Gefährten, wird auf seinen Wunsch hin noch in die Portiuncola gebracht. Franziskus stirbt im Alter von 44 Jahren. Für uns ist das früh, für die damalige Zeit nicht, mit 50 Jahren galt man als Greis. Bruder Tod kommt. Am 3. Oktober 1226 macht er dem Leben des Heiligen ein Ende.[189]

Vermächtnis[190]

Und der Generalminister und alle anderen Minister und Kustoden seien im Gehorsam gehalten, zu diesen Worten nichts hinzuzufügen oder wegzunehmen. Und immer sollen sie dieses Schriftstück bei sich haben neben der Regel. Und auf allen Kapiteln, die sie halten, sollen sie auch diese Worte lesen, wenn sie die Regel lesen. Und allen meinen Brüdern, Klerikern und Laien, befehle ich streng im Gehorsam, daß sie keine Erklärungen zur Regel und auch nicht zu diesen Worten hinzufügen, indem sie sagen: So wollen sie verstanden werden. Sondern wie mir der Herr gegeben hat, einfältig und lauter die Regel und diese Worte zu sagen und zu schreiben, so sollt ihr sie einfältig und ohne Erklärung verstehen und mit heiligem Wirken bis ans Ende beobachten.[191]

Licht

Die Geschichte des Franziskanerordens gleicht einem Triumphzug. Schon zu Lebzeiten Ugolinos von Ostia, der im Jahr nach dem Tod des Franziskus als Gregor IX. den Stuhl Petri bestieg, entwickelte sich die Kongregation zu einem der wichtigsten und zeitweilig sogar zum größten Orden der katholischen Kirche. Hundert Jahre nach der Gründung existierten allein in Italien 500 Männer- und 200 Frauenklöster, in Italien, Frankreich und Deutschland zusammengenommen etwa 1000 Männer- und 300 Frauenklöster. Seinen höchsten Mitgliederstand erreichte der Orden vor der Aufklärung mit etwa 77000 Angehörigen. Gegenwärtig umfaßt er weltweit gut 20000, in Deutschland mehr als 1000 Mitglieder, und ist neben den Jesuiten der bedeutendste Orden der katholischen Kirche.[192] Immer wieder erholte er sich von schweren Rückschlägen, etwa nach der Mitte des 14. Jahrhunderts, als die Pest zwei Drittel der Mitglieder dahinraffte, und in der Zeit der Aufklärung, der Französischen Revolution und des Kulturkampfes in Deutschland.[193] Der Einfluß der Franziskaner in der katholischen Kirche war enorm. Aus dem Orden gingen zahlreiche Bischöfe und Kardinäle hervor, aus den Reihen der zwanzig Kardinalprotektoren des Ordens wurden vier zu Päpsten ge-

Das Grab des Franziskus in der Unterkirche von S. Francesco in Assisi

wählt. Noch heute wird Franziskus als einer der größten Persönlichkeiten der katholischen Kirche verehrt. Als Heiligentag gilt der 4. Oktober, der Tag des Begräbnisses.

Auch der Zweite Orden, die Kongregation der Klarissen (OSCl), lebt bis heute. Das Franziskusfest im Kloster Sießen bei Saulgau in Oberschwaben zieht Tausende von zumeist jungen Menschen an.

Besondere Bedeutung bekam der Dritte Orden des Franziskus, die Gemeinschaft für Weltleute, welche ihr Leben in der gewohnten Umgebung weiterführten (Tertiaren und Tertiarinnen). Zahlreiche heraus-

Franziskaner in unserem Jahrhundert

ragende Persönlichkeiten gehörten ihm an, etwa die Landgräfin Elisabeth von Thüringen (1207–1231), der französische König Ludwig IX. (1214–1270) und der Dichter Dante Alighieri (1265–1321).[194]

Sogar außerhalb der katholischen Kirche entstanden Kongregationen im Geist des Franziskus, so ein auf missionarischem Gebiet aktiver anglikanischer Orden in England und eine kleine Gruppe Evangelischer Franziskaner-Tertiaren in Deutschland (E. F. T.).[195]

Zwar blieb auch dem Franziskanerorden das Geschick der anderen kirchlichen Orden nicht erspart, Verweltlichung und anschließend Ab-

Pietro Lorenzetti: Klarissen essen im Refektorium, während aus den heiligen Schriften vorgelesen wird. Tafel vom Polyptychon der seligen Beata Umiltà (der Vorleserin), 1341. Florenz, Galleria degli Uffizi

spaltungen und Neugründungen, doch läßt sich dieser Prozeß als Zeichen dafür interpretieren, daß der Geist des Franziskus lebendig blieb und immer wieder dazu anregte, sich auf die Ursprünge zurückzubesinnen. Der Streit um die Regel, insbesondere die Forderungen nach absoluter Armut im materiellen und Demut im geistlichen Leben führte zu solchen Spannungen, daß sich im Jahr 1517, am Vorabend der Reformation, nach langen, heftigen Auseinandersetzungen die radikaleren oder – nach der Farbe der Kutte – «braunen» Franziskaner (Minderbrüder oder

Franziskaner im engen Sinne; OFM) von den gemäßigten, in großen Konventen lebenden «schwarzen» Franziskanern trennten (Konventualen oder Minoriten; OFMConv). Die Rückbesinnung auf die ursprüngliche Strenge führte wenig später zur Bildung einer in Einsiedeleien lebenden und wegen ihrer spitzen Kapuzen «Kapuziner» genannten dritten Kongregation (OFMCap) und dann zum Zerfall der «braunen» Franziskanerkongregation in verschiedene Gruppierungen[196], die erst Ende des letzten Jahrhunderts wiederum zu einem einheitlichen Orden vereinigt wurden. Die drei Zweige – Franziskaner (im engeren Sinn), Konventualen und Kapuziner – aber bestehen noch heute nebeneinander. Die Brüder des Hauptzweiges, die Franziskaner im engeren Sinn, tragen eine lange braune Kutte mit Kapuze und sind mit einem weißen Strick gegürtet. Im allgemeinen Sprachgebrauch meint «Franziskaner» jedoch auch alle drei franziskanischen Kongregationen, nicht nur die «braunen» Franziskaner (Minderbrüder).

Auch die Klarissen spalteten sich in unterschiedliche, bis in die Gegenwart bestehende Gruppen: in die Urbanistinnen, die sich auf eine im Jahr 1263 von Papst Urban IV. erlassene milde Regel stützen, die Colettinnen, welche auf eine von Colet(t)a von Corbie (1381–1447) zu Beginn des 15. Jahrhunderts in Gang gesetzte strenge Reform zurückgehen, und andere, weniger bedeutende, etwa die Kapuzinerinnen.[197]

Trotz der inneren Auseinandersetzungen und der Abspaltungen blühte das geistliche Leben im Orden. Stolz berichten die Ordenschronisten, daß mehr als 250 Franziskaner und Franziskanerinnen aus allen drei Orden vom Papst heilig- oder seliggesprochen wurden und zu Lebzeiten oder nach dem Tod manche Wunder bewirkten.[198] 1941 ging der später seliggesprochene Franziskanerpater Maximilian Kolbe (geb. 1894) im Konzentrationslager Auschwitz stellvertretend für einen Familienvater freiwillig in den Tod.

Die Ordensmitglieder waren vor allem als Seelsorger und Prediger tätig. Antonius von Padua predigte der Legende nach auch den Fischen.

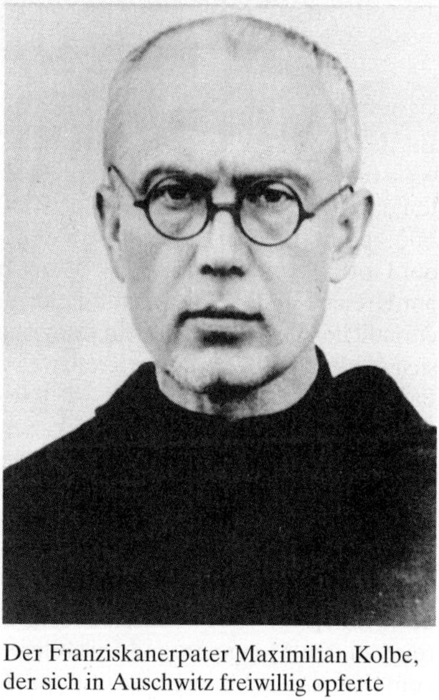

Der Franziskanerpater Maximilian Kolbe, der sich in Auschwitz freiwillig opferte

Berthold von Regensburg bei der Predigt. Kolorierte Federzeichnung, 1447.
Wien, Österreichische Nationalbibliothek

Berthold von Regensburg (gest. 1272) wurde zum bekanntesten und volkstümlichsten deutschen Prediger des Mittelalters. Mit ihren Predigten übten die Franziskaner großen Einfluß auf die Volksfrömmigkeit aus und betonten dabei, daß Gott an der Not der Menschen Anteil nimmt, der Gottessohn Jesus als armer Mensch in der Krippe zur Welt kam und am Kreuz endete, und daß die Feier der Eucharistie im Zentrum eines christlichen Lebens stehe. Auf franziskanische Initiative hin verbreiteten sich die Kreuzwege und die Kreuzweg-Andachten zur Erinnerung an die Passion Jesu.

Intensiv betrieben die Franziskaner die Mission, wobei sie eine gewaltsame Bekehrung der «Ungläubigen» ablehnten. Im Nahen Osten, dem ihr besonderes Interesse galt, wurde ihnen die Obhut über die Pilgerstätten des Heiligen Landes anvertraut. In den baltischen Ländern verbreiteten sie, im Gegensatz zur Schwertmission des Deutschen Ritterordens, auf gewaltlose Weise das Christentum. Mitte des 13. Jahrhunderts unternahm der Franziskaner Wilhelm von Rubruk eine Missionsreise zu den Mongolen und verfaßte einen der ersten Berichte über das vom Kaukasus bis zum Pazifik reichende tatarische Großreich, das

Dschingis-Khan (1155–1227) bei seinem Tod hinterlassen hatte. Anfang des 14. Jahrhunderts wurde der italienische Franziskaner Johannes von Montecorvino (1247–1328) erster Erzbischof der katholischen Kirche in Peking. Im 15. Jahrhundert schließlich finden sich franziskanische Missionsstationen in aller Welt, von Lappland bis in den Kongo, von den Azoren bis nach China. Am Vorabend der Reformation spielten sie bei der Christianisierung Lateinamerikas eine wichtige Rolle.

Schon zu Lebzeiten des Franziskus begannen die Mitglieder des Ordens, wissenschaftlich-theologische und philosophische Studien zu treiben. Mit Alexander von Hales (1170–1245) und mit Robert Grosseteste (um 1168–1253), den Begründern der älteren Franziskanerschule, gewann der Orden einflußreiche Lehrstühle an den beiden großen Universitäten von Oxford und Paris. Später wurde der Franziskanerorden neben den Dominikanern zu einem wichtigen Träger der Hochscholastik. Dem zu den Dominikanern gehörenden großen Kirchenlehrer Thomas von Aquin (1225–1274) und seinen Anhängern standen die Vertreter der jüngeren Franziskanerschule gegenüber, allen voran Johannes Duns Scotus (um 1270–1308) und sein Schüler Wilhelm von Ockham (1285–1349/50). Die franziskanische Theologie setzte gegen den einseitigen Intellektualismus einen deutlichen emotionalen Akzent, stellte das Wollen und Lieben über das Erkennen und das Einmalige und Konkrete über das Allgemeine und Abstrakte. Mit der Kritik am damaligen Aristotelismus legte die Franziskanerschule, obwohl sie dem mittelalterlichen Denken verhaftet blieb, einen wichtigen Grundstein für die spätere Wende zur Neuzeit.

Auch in anderen wissenschaftlichen und kulturellen Bereichen leisteten Franziskaner und Klarissen Bedeutendes. In der Frühzeit des Ordens sind es besonders die schriftstellerischen Leistungen: So gilt der *Sonnengesang* als eines der frühesten und bedeutendsten Beispiele italienischer Dichtung. Bruder Ägidius, ein Gefährte des Franziskus, war ein Meister des Aphorismus. Die Legendensammlung der «Blütenkränze» («Fioretti») aus dem 14. Jahrhundert ging in die Weltliteratur ein. Die heilige Veronica Giuliani (gest. 1727) trug mit ihren fünf Autobiographien in Tagebuchform zur Weiterentwicklung der religiösen Biographie bei. Die Schriften der franziskanischen Mystiker und Mystikerinnen gewannen Einfluß auf andere Werke, etwa auf die berühmte «Nachfolge Christi» von Thomas von Kempen (1380–1471). Der Orden pflegte Musik und Musiktheorie, seit die bullierte Regel die Feier des Offiziums und der Messe nach der in der Kurie üblichen Form eingeführt hatte. Trotz des Gebots der Einfachheit wurden viele franziskanische Kirchen nach allen Regeln der Kunst ausgemalt, etwa die Kirche in Assisi, welche der Franziskanertertiar Giotto di Bondone (1266–1337) um 1300 mit Szenen aus dem Leben des Heiligen schmückte. Der Franziskanermönch Roger Bacon (um 1214–1292), der in Oxford und Paris lehrte und den Autoritätskult in wissenschaftlichen Fragen bekämpfte, ist als ein Vorläufer der experimentellen, mathematisch ausgerichteten Naturwissenschaft anzusehen. Und ausgerechnet ein Nachfolger des friedfertigen Heiligen, der Franziskaner Berthold Schwarz, soll im 14. Jahrhundert in Freiburg im Breisgau das nach ihm benannte Schwarzpulver, ein Schießpulver für Geschütze, erfunden haben.

Schatten

Franziskus ist tot. Sein Leichnam wird begraben. Doch lebt sein Geist. An der franziskanischen Armut aber scheiden sich die Geister, in der Kirche und im Orden.

Die kirchliche Hierarchie verschärft die schon zu Lebzeiten von Franziskus eingeschlagene Taktik. Der Förderer Papst Gregor IX. erhöht, ja überhöht die Person des Franziskus und unterhöhlt zugleich die Radika-

Meister der Stichkappen: Verklärung des hl. Franziskus. Fresko, um 1320. Assisi, Unterkirche von S. Francesco

Die Gedächtnisbasilika San Francesco in Assisi

lität seines Lebens. Noch in den zwanziger Jahren setzt er Franziskus drei monumentale Denkmäler, er spricht ihn heilig, läßt – von dem Franziskanermönch Tommaso da Celano – die erste Lebensbeschreibung des Heiligen verfassen und zudem eine mächtige Gedächtniskirche errichten. Der Gegensatz zwischen der Kirche San Francesco, einer der größten Kirchen der Welt, und dem einfachen Domizil des Heiligen in der Portiuncola macht den Widerspruch zwischen dem Leben und der Wirkung des Heiligen sichtbar, wie Paul Sabatier formuliert: «Betrachtet sie, diese stolze, reiche, mächtige Kirche, und steiget dann nach der Portiuncula hinab [...], und ihr werdet den Abgrund erkennen, der das Ideal des heiligen Franziskus von dem des Papstes trennte, der ihn heilig gesprochen.»[199]

Zur Durchsetzung seiner Politik, den Orden dem päpstlichen Machtanspruch unterzuordnen und ihm die eigentliche, gesellschaftskritische Spitze zu nehmen, bediente sich der gelehrte Jurist Gregor IX. kluger Mittel. Konsequent förderte er den Orden, verlieh ihm päpstliche Privilegien, etwa die Befugnis zur Pfarrseelsorge in den Städten, und zog neben Dominikanern auch Franziskaner in hohe kirchliche Ämter, so daß die «beiden großen Bettelorden [...] schnell zu den wirksamsten Werkzeugen päpstlicher Machtpolitik im Hochmittelalter aufstiegen [...]»[200].

Im Gefolge dieser Politik entwickelte sich der Franziskanerorden während des Pontifikats Gregors IX. zu einer Gemeinschaft, die sich in den Städten in großen Klöstern niederließ, im Bereich der kirchlichen Seelsorge und der Predigt tätig war, gelehrte theologische Studien trieb, vom Bettel lebte, dabei aber über immer größere Mittel verfügte und sich so, in der Phase eines Wirtschaftsaufschwungs Mitte des 13. Jahrhunderts, im Lebensgefühl der bürgerlichen Schicht anpaßte. Wie sehr sich der Orden ebenjenen Gruppen, die sein Gründer bewußt verlassen hatte, wieder annäherte, zeigen die Äußerungen des großen Franziskanerpredigers Berthold von Regensburg. Er kennt die ambivalente Einstellung gegenüber dem Handel nicht mehr, sondern integriert Krämer und Großkaufleute als den Handwerkern, Bauern und Ärzten gleichwertige Gruppe in sein Gesellschaftsmodell. Zwar kritisiert auch Berthold die Habgier scharf, doch ist der Handel, der Fernhandel und die Geldwirtschaft für das Funktionieren der Wirtschaft seiner Meinung nach notwendig. Redlicher Handel lautet demnach das Motto. Vor dem Hintergrund der sozialen Einbettung des Ordens wird der Umschwung von Franziskus zu Berthold verständlich: Die Franziskaner lebten vom Geld des Bürgertums, wirkten als Seelsorger und Prediger unter Bürgern und rekrutierten sich vor allem aus dieser Schicht.

Teile des Ordens trugen diese Entwicklung mit. Den Bau der Grabeskirche etwa leitete der ehemalige Generalminister Bruder Elias. Doch regte sich auch Widerstand. Gruppen von Franz-Getreuen, die umherzogen oder in kleinen Niederlassungen auf dem Land lebten und am ursprünglichen absoluten Armutsideal festhielten, widersetzten sich. Leo, der enge Freund von Franziskus, scheint bei ihnen eine Schlüsselrolle gespielt zu haben. Die widersprüchlichen Auffassungen stürzten den Orden in eine große, etwa eine Generation dauernde Krise, den praktischen Armutsstreit. In seiner ersten Phase zur Zeit des Generalats von Joannes Parenti (1227–1232) kristallisierte sich die Auseinandersetzung um die Regelinterpretation und das Testament des Franziskus, vor allem aber um die praktische Lebensgestaltung im Orden, etwa den Bau der mächtigen Gedächtniskirche. Die «Eiferer» («Zelanten») drängten auf eine wörtliche Befolgung von Regel und Testament, in dem Franziskus den Orden ja noch einmal auf die absolute Armut verpflichtet und eine Interpretation, das heißt Veränderung, verboten hatte. Papst Gregor IX. griff in den Streit ein, setzte das Testament 1230, vier Jahre nach dem Tod des Heiligen, kurzerhand außer Kraft und erklärte, Franziskus sei zu dieser Zeit nicht mehr Leiter des Ordens, zu einer solchen Verpflichtung der Mitglieder also keineswegs berechtigt gewesen.[201] Zugleich sprach sich der Papst selbst das Recht zu, die Regel zu interpretieren, mit dem klugen Argument, er spreche in solchen Fällen nicht als Papst, sondern als enger Vertrauter des Verstorbenen, was eine Verfälschung seines Anliegens ausschließe. Schließlich führte er als gelernter Jurist eine spitzfindige Unterscheidung zwischen dem Besitz («dominium») und dem Gebrauch («usus») von Gütern ein und erlaubte dem Orden, über Mittelsmänner Geldgeschäfte abzuwickeln und in festen Klöstern zu wohnen, die formal im Besitz der Spender verblieben. Im folgenden Jahr baten der Generalminister Joannes Parenti sowie vierzehn Provinzialminister den Papst schriftlich, diese Bestimmungen aufzuheben. Die Bitte zeigt, daß die päpstliche Politik nicht nur bei Teilen der Basis, sondern auch in der Hierarchie des Ordens Widerstand hervorrief. Das änderte sich, als Bruder Elias 1232 erneut Generalminister wurde. In seiner siebenjährigen zweiten Amtszeit setzten sich die päpstlichen Interessen weitgehend durch.

Mitte der vierziger Jahre entzündete sich ein Streit an den Legenden über Franziskus. Nachdem das Generalkapitel von 1244 die Aufforderung erlassen hatte, alle zuverlässigen mündlichen Überlieferungen aufzuschreiben, entstand eine Reihe von schlichten Quellensammlungen, welche dann auch Tommaso da Celano als Vorlage für seine zweite, 1247 fertiggestellte Legendenausgabe dienten. Dies bedeutete einen Sieg für die oppositionelle Partei, da jetzt viele Traditionen, in denen die Radikalität und Menschlichkeit des Franziskus zum Ausdruck kam, schriftlich festgehalten wurden. Der Papst aber beauftragte Tommaso, einen Bericht über die Wunder anzufertigen, die der Heilige nach seinem Tod bewirkte, da die Wunderwirkung als Zeichen der Heiligkeit einer Person galt. So entstand die dritte Legendensammlung des Celano, in der zahlreiche Kranke geheilt, viele Menschen «aus dem Rachen des Todes zum Leben» erweckt und manche zerbrochenen Geräte wiederhergestellt werden. Der Leo-Kreis aber äußerte sich in einem Brief an das Generalkapitel kritisch zu diesem Unternehmen und erklärte, Heiligkeit bestehe nicht aus spektakulären Wundertaten.

1241, im Todesjahr von Papst Gregor IX., drang das Gedankengut des Joachim von Fiore (ca. 1130–1202) in den Franziskanerorden ein und entfachte in den vierziger und fünfziger Jahren einen weiteren Streit, bei dem neben die Armutsfrage die Joachimitische Lehre von den drei Zeitaltern trat. Joachim von Fiore hatte das trinitarische Schema von Gott Vater, Sohn und Heiligem Geist auf die Heilsgeschichte übertragen: Auf die alttestamentliche Herrschaft des Vaters folge das Zeitalter des Sohnes, die Herrschaft der Kirche, welche in nächster Zukunft durch das Zeitalter der Mönche unter Führung des Heiligen Geistes abgelöst werde. Franziskanische Zelanten, die man nun nach der Hoffnung auf den Heiligen Geist (spiritus sanctus) «Spiritualen» nannte, spitzten diese Gedanken auf ihre Situation zu. Sie glaubten, die Mönche unter Führung der Franziskaner könnten jetzt an Stelle von Papst und Kirche die Herrschaft übernehmen. Franziskus galt ihnen als Vorläufer des wiederkommenden Christus; Kaiser Friedrich II., der sich selbst als eine Art Messias verstand, war für sie ein falscher Prophet und der Antichrist. Trotz des energischen Widerstandes der Kirche und der papstfreundlichen Teile des Ordens konnten diese Auffassungen bald einen solchen Einfluß ge-

Paolo Moranda (il Cavazzola): Der hl. Bonaventura zwischen der hl. Elisabeth (Landgräfin von Thüringen) und dem hl. Ludwig (König von Frankreich). Ausschnitt aus einem Marienaltar, 1522. Verona, Museo Civico

winnen, daß ein mit den Spiritualen sympathisierender Generalminister, Johannes von Parma, den Orden zehn Jahre lang leitete (1247–1257).

Unter dem Generalat von Bonaventura (1257–1274) kehrte Ruhe ein. Er wird deshalb mitunter als zweiter Ordensgründer bezeichnet. Die Spiritualen verloren an innerer Kraft, da sich ihre Hoffnungen auf eine Zeitenwende nach dem Tod von Kaiser Friedrich II. nicht erfüllten. Die äußere Einheit des Ordens festigten die Statuten von Narbonne aus dem Jahr 1260. Sie strebten in der Frage der Regelinterpretation und der Armut einen Kompromiß an. Strenge Bauvorschriften zielten darauf, Seßhaftigkeit und Schlichtheit miteinander zu verbinden. Den Streit um das richtige Lebensbild von Franziskus löste Bonaventura, indem er zwei eigene Biographien über den Heiligen verfaßte, das «Große» und das zusammenfassende «Kleine Franziskusleben», die mit den historischen Ereignissen allerdings wenig zu tun haben, vielmehr Franziskus als übermenschlichen Helden nach dem Vorbild biblischer Gestalten zeichnen. Das Generalkapitel von 1266 erklärte die Darstellung Bonaventuras zur offiziellen Ordenslegende und erließ den Auftrag, alle anderen Heiligenviten zu vernichten, einschließlich derjenigen von Tommaso da Celano.

Nach dem Testament des Franziskus wurden nun auch die kritischen Legendentraditionen im Orden außer Kraft gesetzt und unterdrückt. Man unternahm den Versuch, die Einheit des Ordens mit einer Geschichtsklitterung zu erkaufen.

Dies ging auf Dauer nicht gut. Nach Bonaventuras Tod entbrannte ein neuer Kampf, der fünfzig Jahre währende theoretische Armutsstreit. Zu den praktischen Fragen der Armut, insbesondere der Kleidung und der Vorratshaltung, traten jetzt die rechtlichen Probleme der päpstlichen Autorität und die theologischen Fragen nach der Armut Jesu und seiner Jünger. Ausgelöst wurde der Streit durch ein päpstliches Dekret[202], das dem Orden den Besitz bzw. die uneingeschränkte Nutznießung seiner Güter und Geldgeschäfte über Vermittler erlaubte, sowie durch ein Wiedererstarken der Spiritualen, die sich von allzu konkreten geschichtlichen Endzeitspekulationen gelöst hatten. Ihr Wortführer Petrus Johannis Olivi (1248/49–1298) forderte eine strenge Einhaltung der Armut und bezeichnete in aller Offenheit den Papst als Antichristen, Franziskus aber als messianischen Führer der dritten, letzten Zeit. Um die Jahrhundertwende gewannen die besonders im südlichen Frankreich und in Italien verbreiteten Spiritualen einen großen Einfluß in Orden und Kirche. Im Jahre 1310 betonte das Generalkapitel von Padua die Armutsforderung in ihrer ganzen Schärfe und entzog den Konventen, welche die strengen Forderungen nicht einhalten wollten, das Stimmrecht auf den Kapiteln. Die päpstliche Politik war unentschieden; einerseits begann sie die Spiritualen zu bekämpfen, förderte sie aber auch zeitweise. Zwei ihnen freundlich gesinnte Päpste erlaubten die Bildung eigener Spiritualenkongregationen. Im Jahr 1312 versuchte eine päpstliche Konstitution, einen Kompromiß zwischen der strengeren und der freieren Auffassung in der Armutsfrage zu finden.[203] Dann aber erfolgte der Umschwung. Zwischen 1309 und 1377 residierten die Päpste in Avignon, gerieten dabei in Abhängigkeit von den französischen Königen, kämpften mit den deutschen Kaisern noch einmal erbittert um die Vorrangstellung in Europa und versuchten, in der Kirche die Macht des Papsttums zu stärken und kritische Strömungen zu unterdrücken. Jetzt wurden die Spiritualen verboten, verfolgt und schließlich vernichtet.

Johannes XXII., Papst von 1316 bis 1334, erließ im Jahr nach seinem Amtsantritt ein päpstliches Dekret, das die Entscheidung in der Frage der Kleidung und der Vorratshaltung allein in die Hände der Ordensoberen legte, den Untergebenen aber jede Kritik am Lagern von Nahrungsmitteln und am Tragen von Luxuskleidung untersagte und mit dem Satz schloß: «Eine große Sache ist die Armut, aber größer ist die untadelige Führung, und das größte Gut ist der vollkommene Gehorsam.»[204] Jetzt nahm sich die Inquisition der Abtrünnigen an. 1318 brennen vier Spiritualen in Marseille auf dem Scheiterhaufen. Weitere Todesurteile folgen. Das päpstliche Dekret aber machte deutlich, daß Johannes XXII.

Ketzerverbrennung. Holzschnitt aus Ludwig Rabus' «Historien der heiligen auserwaehlten Gotteszeugen», Straßburg 1557

nicht nur gegen die Spiritualen und die von ihnen vertretene kirchenkritische Lehre von den drei Zeitaltern vorging, sondern gegen die franziskanische Armutsforderung überhaupt. Zu diesem Zweck benützte er einen zwischen der dominikanischen Inquisition und dem franziskanischen Orden aufflammenden Streit um die Frage nach der Armut Jesu. Das franziskanische Generalkapitel von Perugia erklärte im Jahr 1322, Christus und die Apostel hätten keinerlei Eigentum gehabt, und bat den Papst, keine weiteren, gegen die franziskanische Armutsforderung gerichteten Dekrete mehr zu erlassen. Die Antwort des Papstes war deutlich. 1223 erklärte er, daß «die hartnäckige Versicherung, unser Erlöser und Herr Jesus Christus und seine Apostel hätten weder privat noch gemeinsam etwas besessen, [...] als irrig und häretisch zu erklären ist, da sie der Heiligen Schrift ausdrücklich widerspricht [...]»[205]. Damit wird, exakt hundert Jahre nach Inkrafttreten der Regel, die Auffassung der Ordensmehrheit zur Ketzerei erklärt, der Orden insgesamt der Inquisition ausgeliefert. Indirekt bekommt Franziskus nun amtlich einen zweiten Vermerk: Heiliger und Häretiker. Hätte er hundert Jahre später gelebt, wäre er wohl auf dem Scheiterhaufen geendet.

Das päpstliche Dekret schlug ein wie eine Bombe. Der ganze Orden befand sich in Aufruhr. Eine hochpolitische Komponente erhielt der Streit, als sich König Ludwig der Bayer (um 1285–1347) in seiner Auseinandersetzung mit dem Papst auf die Seite der Franziskaner stellte, die päpstliche Meinung in der Armutsfrage seinerseits zur Ketzerei erklärte, nach Rom zog, sich dort zum Kaiser krönen ließ und einen Spiritualen als Gegenpapst aufstellte. Der Papst aber trieb den von 1316 bis 1328 amtierenden Generalminister des Ordens, Michael von Cesena, zur Flucht zu Ludwig dem Bayern und setzte auf dem Generalkapitel von Paris, auf dem nicht einmal die Hälfte der Provinzialminister anwesend war, die Wahl eines neuen Generalministers durch, des Papstfreundes Geraldus Eudes, der sich mit dem Vorschlag hervorgetan hatte, das Geldverbot im Orden völlig abzuschaffen. Der nächste, von 1334 bis 1342 amtierende Papst, Benedikt XII., gab dem Orden im Jahr 1336 neue Statuten, in denen von der Armutsforderung wenig, aber viel von Chorpflicht und Askese die Rede ist. Damit wandelte er die Franziskaner in eine Kongregation nach dem Typus der anderen kirchlichen Orden um und erlaubte ihnen, praktisch unbegrenzt Einkünfte anzunehmen. Was nach diesen päpstlichen Angriffen blieb, war ein Trümmerhaufen. Mitte des 14. Jahrhunderts hatte die Inquisition die Spiritualenbewegung in der Provence endgültig unterdrückt.[206] In Italien gingen kleine radikale Gruppen in den Untergrund, Fratizellen (ital. fraticelli, «kleine Brüder» bzw. «Brüderchen»), die sich politisch engagierten und in den Städten Mittel- und Oberitaliens oppositionelle Bewegungen gegen die herrschenden Schichten unterstützten. Sie überlebten die Verfolgung bis hinein ins 15. Jahrhundert. Die «Michaeliten» aber, Anhänger des Generalministers Michael, die sich ihrerseits von den radikaleren Gruppierungen distanzierten, einerseits aus Überzeugung, andererseits aber auch aus Opportunismus, verloren bald jede Bedeutung. Um die Jahrhundertmitte lebte der franziskanische Geist nur noch verfolgt im Untergrund. Im noch verbliebenen offiziellen Orden war er, von einzelnen Ausnahmen abgesehen, kaum mehr wiederzuerkennen. Klöster und einzelne Mönche bereicherten sich, von einer Nachfolge Christi oder einer ernsthaften Auseinandersetzung mit der Ordensregel ist wenig zu spüren. An dieser Praxis änderte wohl wenig, daß der Orden sich 1354 auf dem Generalkapitel von Assisi neue Statuten gab, welche sich wieder stärker an der Armutsforderung orientierten.

Erst im letzten Drittel des 14. Jahrhunderts entstand eine neue Strömung, die sich auf die Anfänge zurückbesann und die Armut streng einhielt, die Observanz. Der Zustand des Ordens und die Verarmung breiter Bevölkerungsschichten infolge einer wirtschaftlichen Krise machte sie stark. Auch die Observanten distanzierten sich von den Fratizellen und lieferten sie der Inquisition aus. Unter der Leitung von Männern wie dem hl. Bernhardin von Siena (1380–1444) wurde die Bewegung so einflußreich, daß sich seit dem Beginn des 15. Jahrhunderts im Orden die beiden Lager der strengen Observanten und der laxeren Konventualen gegenüberstanden, welche sich für ein Jahrhundert heftig bekämpften, bis sie sich Anfang des 16. Jahrhunderts voneinander trennten und zwei selbständige Kongregationen bildeten.

Als um 1500 Spanier und Portugiesen begannen, den mittleren und südlichen Teil des amerikanischen Kontinents zu unterwerfen, begleiteten auch franziskanische Mönche die Eroberer und segneten Unterdrückung und Ausrottung der Bevölkerung ab. Doch stehen hier ebenfalls Franziskaner gegen Franziskaner, wie das Beispiel des Bernardino de Sahagún (1500–1590) zeigt. Dieser Minderbruder regte Überlebende des Genozids, Nachkommen aus Azteken-Geschlechtern, an, ihre Traditionen aufzuzeichnen. Er machte sich zum Wortführer der Sprachlosen.[207]

Im 20. Jahrhundert solidarisierten sich Franziskaner, besonders seit den sechziger Jahren durch die Befreiungstheologie, mit den Armen Lateinamerikas, etwa der Brasilianer Leonardo Boff (geb. 1938). In den achtziger und neunziger Jahren fühlt sich die Kirche zum Gegenschlag stark genug. Die Befreiungstheologie gerät in die Defensive, auch Leonardo Boff: «Boff weicht Druck des Vatikans [...] Von andauernden Zensurmaßnahmen des Vatikans zermürbt, hat der brasilianische Befreiungstheologe Leonardo Boff beschlossen, vom Priesteramt zurückzutreten. ‹Alles hat eine Grenze›, sagte der 53jährige Geistliche [...], ‹ich habe meine Grenze erreicht.› [...] ‹Die doktrinäre Macht ist grausam und gnadenlos. Sie vergißt nichts, sie entschuldigt nichts, sie kassiert alles›, schreibt Leonardo Boff in einem Brief an den Oberen des Franziskanerordens. ‹Sie nimmt sich alle Zeit und Mittel, um das Ziel einer Disziplinierung des theologischen Denkens zu erreichen.›»[208]

Es gibt keine päpstliche Inquisition mehr, keine Folter und keinen Scheiterhaufen. Das von Kardinal Joseph Ratzinger (geb. 1927) geleitete Amt für Glaubensfragen verletzt die körperliche Integrität von Dissidenten nicht mehr. Man verordnet nur noch ein einjähriges «wohltätiges Stillschweigen», führt Prozesse gegen Andersdenkende, treibt Unliebsame zum «freiwilligen» Rücktritt. Das ist ein Fortschritt.

Welt

Der Einfluß des Franziskus läßt sich in allen Bereichen unserer Geschichte und Kultur aufspüren.

Mehr als bei anderen Heiligen des Mittelalters ist sein Leben Thema

der bildenden Kunst geworden. Einen ersten künstlerischen Höhepunkt bezeichnet Giottos Freskenzyklus über das Leben des Heiligen in der Cappella Bardi von Santa Croce in Florenz aus dem frühen 14. Jahrhundert. Auch heute noch beschäftigen sich zahlreiche Künstler mit dem Leben des Franziskus.[209]

Auf viele Schriftsteller wirkte Franziskus wie ein Magnet. Dante nahm ihn in seine «Göttliche Komödie» auf. In unserem Jahrhundert faszinierte er Nikos Kazantzakis (1883–1957), den Autor von «Alexis Sorbas», und Julien Green (geb. 1900). Beide verfaßten im Alter emotional engagierte Romanbiographien über das Leben des Heiligen. Eine ganz besondere Vorliebe für Franziskus hatte Hermann Hesse (1877–1962). Kurz nach der Jahrhundertwende veröffentlichte er eine biographische Studie über Franziskus. Im Roman «Peter Camenzind» legte er seine eigene Vorliebe für den Heiligen dem Helden in den Mund: «Ich ging die Straßen des heiligen Franz und fühlte ihn in manchen Stunden neben mir wandern, das Gemüt voll unergründlicher Liebe, jeden Vogel und jede Quelle und jeden Hagrosenstrauch mit Dankbarkeit und Freude begrüßend. Ich pflückte und verzehrte Limonen an sonnig glänzenden

Buchschmuck von Heinrich Vogeler zu Hermann Hesses «Franz von Assisi». 1904

Hängen, [...] sang und dichtete in mich hinein und feierte die Ostern in Assisi, in der Kirche meines Heiligen.»[210] Was Hesse an Franziskus anzog, waren die Naturverbundenheit des Heiligen, seine Einfachheit und die Aufbruchsstimmung der frühen Zeit. Der gehorsame Katholik und der zornige alte Mann des Testaments interessierten ihn nicht. Ein in manchen Tendenzen ähnliches Bild von Franziskus entwarf Luise Rinser (geb. 1911) in ihrem im Jahr 1975 erschienenen Roman «Bruder Feuer». Franziskus ist für sie «ein geistgetriebener Revolutionär und dabei ein Dichter, Sänger und Mystiker», der «Heilige der jungen und der sich immer wandelnden Menschen».[211]

Der Komponist Olivier Messiaen (1908–1992) schuf in achtjähriger Arbeit eine große, auf fünf Stunden angelegte Oper «François d'Assise». Das Werk wurde 1983 in Paris uraufgeführt und findet seinen Höhepunkt in der Vogelpredigt des Heiligen.

Schließlich wurde das Leben des Heiligen auch verfilmt. Franco Zeffirelli zeichnete in seinem Werk aus dem Jahr 1971 Franz als Aussteiger, Umweltschützer und romantischen Liebhaber.

Fundamentale Bedeutung für die abendländische Geschichte und für die Gegenwart besitzen die Äußerungen des Franziskus zum Naturverhältnis, zum Frieden und zur Gerechtigkeit.

In allen drei Bereichen scheint uns heute die Einstellung des Heiligen nicht frei von Widersprüchen. Gegen sein sensibles Naturverhältnis steht seine Leibfeindlichkeit, gegen seinen Waffenverzicht seine unkritische Haltung gegenüber der Gewalttätigkeit der Kirche, gegen seinen Sinn für soziale Gerechtigkeit das Fehlen einer strukturellen wirtschaftlichen Alternative. Dennoch sind seine Anregungen noch von Bedeutung.

Der Wunsch des Franziskus nach Versöhnung von Mensch und Natur wirkte weiter, vor allem in der Romantik. Als im späten 20. Jahrhundert die ökologische Krise ins allgemeine Bewußtsein drang, ernannte Johannes Paul II. Franziskus zum Patron des Umweltschutzes.[212]

Die Friedenssehnsucht des Franziskus führte dazu, daß der Dritte franziskanische Orden seinen Anhängern das Tragen von Waffen verbot und dazu beitrug, daß in Italien die städtischen Milizen nach und nach aufgelöst wurden und die lokalen Kriege aufhörten. In den achtziger Jahren des 20. Jahrhunderts versammelte Papst Johannes Paul II. die Vertreter verschiedener Konfessionen und Religionen zu einem Weltgebetstreffen für den Frieden in Assisi.[213]

Am umstrittensten war und ist die Einstellung des Franziskus zur Gerechtigkeit. Bezeichnenderweise schließt die Kirche in diesem Punkt mit ihrem Heiligen bis heute keinen Frieden. Die Liebe des Franziskus zu den Armen und Kranken führte dazu, daß sich Mitglieder aller drei Ordenszweige karitativen Aufgaben widmeten. Doch versuchten manche nicht nur, individuelle Hilfe zu gewähren, sondern strukturelle Veränderungen einzuleiten. Wegen der Wucherzinsen gründeten franziskanische

Kreuzweg des Volkes, bei welchem an die Leiden Jesu und an die Opfer der Diktatur erinnert wird. Chile 1984

Observanten im 15. Jahrhundert Leihhäuser (montes pietatis), in denen die ärmeren Schichten zinsgünstige Darlehen erhielten. Wesentlich radikalere Wege schlugen die Fratizellen ein, welche die Unterschichten bei ihren Kämpfen um politische und soziale Rechte unterstützten. Im 20. Jahrhundert stellten sich Franziskaner in Lateinamerika auf die Seite des Volkes. Immer blieb im Orden die grundlegende Diskussion um die elementaren Lebensbedürfnisse lebendig und um den Verzicht auf alles Überflüssige bei Nahrung, Kleidung oder Obdach.

Irene, eine Nichtseßhafte in einer deutschen Großstadt, Mitglied des Dritten Ordens des Franziskus

Die Botschaft des Franziskus wird aktuell, wo Menschen durch die Verhältnisse in Bedrängnis geraten. Gegen Ende des 20. Jahrhunderts, 800 Jahre nach Franziskus, bekannte eine Nichtseßhafte in einer deutschen Großstadt: «Mein Name ist Irene. […] Wir sind der Dritte Orden. […] Und das Dritte ist das Weltliche oder auch je nachdem. Ich bin immer noch drin und ich bleibe immer noch drin. Ja, das heißt, wir haben Regeln, aber wir leben draußen. Meine Augen leuchten wegen dem Franz von Assisi, das macht mir Spaß.»[214]

Der franziskanische Geist ist noch lebendig, vielleicht gerade dort, wo wir «Normalen» ihn am wenigsten vermuten.

Anmerkungen

Folgende Werke werden mit Siglen zitiert:

HG	Die Schriften des Heiligen Franziskus von Assisi. Hg. von L. Hardick und E. Grau (OFM). Franziskanische Quellenschriften Bd. 1, Werl i. W. ^{6}1991, Taschenbuchausgabe
HR	E. Hug, A. Rotzetter (Hg.): Franz von Assisi. Olten, Freiburg i. Br. 1984
LegPer	Legenda Perusina (Textsammlung von Perugia). In: HR
Spec	Der Bericht über das Leben des heiligen Franz von Assisi oder Der Spiegel der Vollkommenheit. Nachwort von R. Guardini. München 1981
1Cel, 2Cel	Thomas von Celano: Leben und Wunder des heiligen Franziskus von Assisi. Hg. von E. Grau. Franziskanische Quellenschriften Bd. 5, Werl i. W. ^{3}1955 [4. neubearbeitete Ausgabe 1988]
3Gef	Die Dreigefährtenlegende des heiligen Franziskus. Einführung von S. Clasen, übersetzt von E. Grau. Franziskanische Quellenschriften Bd. 8, Werl i. W. 1972

Die Mehrzahl der anderen in den Anmerkungen genannten Werke werden in Kurzform zitiert; die vollständigen Titel finden sich in der Bibliographie

1 1Cel 83, S. 156 f.
2 Zit. nach: HR, S. 108 f.
3 2Cel 17, S. 248 f.
4 2Cel 24, S. 254
5 L. T. Spittler, ^{5}1812, S. 317
6 Das Buch «Francesco d'Assisi» von F. Prudenzano. Siehe dazu und zum gesamten Kapitel: A. Holl, 1980, S. 28 u. a. Eine marxistische Untersuchung der mittelalterlichen Ketzergeschichte legte Karl Kautsky 1895 vor (s. K. Kautsky, 1976)
7 Führend war Paul Sabatier, dessen Franziskus-Biographie von 1894, damals von der katholischen Kirche auf den Index gesetzt, noch heute ein Standardwerk ist (s. P. Sabatier, 1935)
8 S. u. a. die beiden Biographien von O. Englebert und I. Gobry aus den fünfziger Jahren (1952 bzw. 1958)
9 Symptomatisch besonders die Franziskus-Biographie des dänischen Schriftstellers Johannes Jörgensen von 1907 (s. J. Jörgensen, 1952)
10 R. G. Binding, in der Einleitung zu: Die Blümlein des heiligen Franziskus von Assisi, 1919, erste Seite

11 Die wissenschaftliche Franziskus-Forschung begann Ende des letzten Jahrhunderts. Sie führte zur Gründung von Instituten, Zeitschriften und Buchreihen sowie zu zahllosen Einzelveröffentlichungen. Eine allgemeinverständliche Darstellung von Franziskus unter impliziter Berücksichtigung des Forschungsstandes versucht R. Manselli, 1984
12 W. Dirks, 1952
13 G. Wendelborn, 1977
14 H. Roggen, 1965, S. 88, S. 94, S. 67
15 A. Holl, 1980, S. 98. Dennoch stellt A. Holl Franziskus in den geschichtlichen Zusammenhang und erfaßt sehr wohl den sozialen Aspekt seines Wirkens
16 P. Sabatier, 1935, S. 5
17 P. Sabatier, 1935, S. 5
18 S. Bibliographie, Abschn. 2–4
19 3Gef 1, S. 173f.; ähnlich auch 1Cel 1, S. 67
20 3Gef 1, S. 174f.
21 Der wissenschaftliche Name der «Fioretti» lautet: «Actus beati Francisci et sociorum eius»
22 Die Legendensammlung von Perugia («Legenda Perusina») trägt unterschiedliche Namen, u. a. «Kompilation von Assisi» («Compilatio Assisiensis»). Unter den weiteren Werken dieser Art ist etwa die mit der Dreigefährtenlegende verwandte «Sammlung des Anonymus Perusinus» zu nennen
23 Die «Dreigefährtenlegende» nennt die Brüder Leo, Rufinus und Angelus als Verfasser
24 Die wissenschaftliche Franziskus-Forschung konzentrierte sich in starkem Maße auf die Frage nach der historischen «Echtheit» der kritischen Legendensammlungen
25 S. L. Zarncke, 1930. Diese sogenannte formgeschichtliche Methode wurde in den zwanziger Jahren unseres Jahrhunderts mit großem Erfolg bei der historisch-kritischen Erforschung der Erzählungen der Evangelien angewendet
26 3Gef 20, S. 203f.; 1Cel 15, S. 84; 2Cel 12, S. 242f. Der Hinweis auf das Bußgewand findet sich auch bei 3Gef, zeigt sich hier aber deutlich als spätere Abmilderung einer ursprünglich anstößigen Fassung
27 Zit. nach: F. Schulz, 1968, S. 48
28 F. Schulz, 1968
29 S. Bibliographie, Abschn. 8
30 Zit. nach: G. Wendelborn, 1977, S. 74
31 J. Le Goff, 1965, S. 191
32 Kreuzzüge während der Lebenszeit des Heiligen: 3. Kreuzzug: 1189–1192; 4. Kreuzzug: 1202–1204; Kinderkreuzzug: 1212; Kreuzzug gegen Damiette in Ägypten 1217–1221 (abgebrochener Kreuzzug)
33 Zit. nach: G. Miccoli, in: J. Le Goff (Hg.), 1989b, S. 66
34 Zit. nach: G. Wendelborn, 1977, S. 73
35 Zit. nach: M. Clévenot, 1992, S. 140
36 Den männlichen Teil dieser Richtung der Armutsbewegung bildeten die weniger bedeutenden Beg(h)arden
37 So der Titel eines Buches von J. Le Goff, 1984
38 S. N. Elias, [10]1985
39 So etwa Thomas von Aquin
40 Zit. nach: A. J. Gurjewitsch, in: J. Le Goff (Hg.), 1989b, S. 288

41 HG, S. 142
42 3Gef 5, S. 183
43 2Cel 6, S. 234
44 3Gef 12, S. 191
45 3Gef 13, S. 194
46 Ursprünglicher Name: Santa Maria degli Angeli
47 3Gef 14, S. 195
48 HG, S. 72
49 3Gef 20, S. 203 f.; vgl. Mt 6,9
50 LegPer 18, zit. nach: HR, S. 136
51 HG, S. 142 f.; vgl. Joh 6,64
52 S. dazu die Schrift: Der Bund des heiligen Franziskus mit der Herrin Armut, 1966, sowie zahlreiche allegorische Darstellungen in der bildenden Kunst
53 Die zentralen Bibelstellen hierfür sind die Aussendungsworte und die Nachfolgelogien Jesu sowie Abschnitte aus der Bergpredigt (s. bes. Mt 10,5 ff. par; Lk 9,23 ff., 57 ff. par sowie Mt 6,19 ff. par, wobei sich Franziskus vor allem auf die Aussendungsrede bezog)
54 Thomas von Split, zit. nach: HR, S. 108
55 Diese Führerrolle wird dann Ugolino, Graf von Segni, der Kardinal von Ostia und spätere Papst Gregor IX., übernehmen
56 Zit. nach: H. Thode, ^{2}1904, S. 57
57 Die Rolle des «Narren» hat bei Franziskus auch eine soziale Bedeutung. Es ist die Rolle des Hofnarren, die Franziskus in zweifacher Hinsicht verändert: Er ist ein Narr Gottes, nicht der Trivialität, und er spielt für das Volk, nicht für die Herrschenden (ioculator dei)
58 HG, S. 74; vgl. 1 Joh 4,18
59 HG, S. 42
60 HG, S. 151
61 Mt 10,9
62 HG, S. 74
63 HG, S. 137 f.
64 HG, S. 74
65 HG, S. 73
66 HG, S. 26 f.; vgl. 1 Joh 3,14
67 HG, S. 40
68 HG, S. 45
69 1Cel 16, S. 85
70 HG, S. 17–19; vgl. Joh 3,5
71 2Cel 87, S. 318
72 3Gef 35, S. 222
73 LegPer 75, zit. nach: HR, S. 110
74 Thomas von Split, zit. nach: HR, S. 108
75 1Cel 23, S. 93
76 Spec 113, S. 223
77 2Cel 165, S. 389
78 1Cel 58, S. 131 f.
79 Fioretti 1972, S. 74, S. 76 f.
80 Spec 114, S. 224
81 Vgl. Tob 1,3

82 HG, S. 143f.; vgl. 1 Petr 2,11
83 HG, S. 35
84 Andere Bezeichnungen waren: «religio», d.h. «Rückbindung» an das Evangelium, und «Büßer von Assisi»
85 LegPer 104, zit. nach: HR, S. 97
86 LegPer 104, zit. nach: HR, S. 98
87 Anonymus Perusinus 19, zit. nach: HR, S. 107
88 LegPer 9, zit. nach: HR, S. 48f.
89 Zit. nach: G. Wendelborn, 1977, S. 167 (dort im Anschluß an K. Esser)
90 HG, S. 135f.
91 HG, S. 108f.
92 W. Nigg, [10]1981, S. 70
93 Zit. nach: A. Holl, o. J., S. 92 (Chronist Matthäus Parisiensis)
94 3Gef 51, S. 245f.
95 3Gef 49, S. 243
96 3Gef 60, S. 260f.
97 HG, S. 77
98 1Cel 117, S. 196
99 HG, S. 76
100 A. Holl, 1980, S. 145
101 Zit. nach: H. Feld, 1993, S. 16
102 HG, S. 13
103 HG, S. 144
104 R. Pernoud (Hg.), [3]1975, S. 278
105 R. Pernoud (Hg.). [3]1975, S. 279
106 R. Pernoud (Hg.), [3]1975, S. 279f. (Chronik des Johann Elemosina)
107 1221 erleiden die Kreuzfahrer eine vernichtende Niederlage, 1229 schließen Sultan Melek al-Kamil und Kaiser Friedrich II., der zugleich König von Jerusalem ist, Frieden
108 Spec 71, S. 130
109 HG, S. 33f.
110 S. auch Brief an die Kustoden II, HG, S. 32
111 HG, S. 144f.
112 P. Sabatier, 1935, S. 7
113 Vielleicht wurde die Regel jährlich oder in etwas größeren Abständen überarbeitet und auf dem Pfingstkapitel überprüft
114 Am 29. November 1223 durch die Bulle «Solet annuere»
115 Die Ansichten über die Unterschiede zwischen den beiden schriftlich erhaltenen Regelfassungen gehen weit auseinander. Während franziskanische Forscher dazu neigen, beide Fassungen als im Kern identisch anzusehen oder das Konto zwischen Verschärfungen und Aufweichungen insgesamt als ausgeglichen zu betrachten, weisen viele protestantische und manche kritische katholische Wissenschaftler auf grundlegende Differenzen hin
116 Während bei der Vorläufigen Regel etwa ein Drittel des gesamten Textes aus Bibelzitaten besteht, schrumpft dieser Anteil bei der (ohnehin auf etwa ein Viertel gekürzten) Endgültigen Regel auf ein Fünfzehntel des Umfangs
117 HG, S. 108
118 HG, S. 99; die Vorläufige Regel kennt zwar die Gelübdeformel (Gehorsam,

Keuschheit, Armut), sie hat dort aber keine so überragende und ausschließliche Stellung
119 HG, S. 100
120 HG, S. 109
121 HG, S. 99
122 Der Ausdruck «Minister» kann in unterschiedlichem Sinne gebraucht werden, entweder als Sammelbegriff für alle Ämter oder zur Kennzeichnung bestimmter, insbesondere der höheren Amtsfunktionen (Provinzialminister)
123 HG, S. 114, S. 113
124 HG, S. 104
125 HG, S. 105
126 HG, S. 112
127 HG, S. 105
128 HG, S. 112
129 2Cel 152, S. 378
130 HG, S. 99
131 HG, S. 106
132 HG, S. 119
133 HG, S. 103; vgl. 1 Thess 2,7 und Mt 7,12
134 HG, S. 103
135 HG, S. 100
136 Vgl. dazu Lk 9,3 par
137 HG, S. 100
138 HG, S. 102
139 HG, S. 102
140 HG, S. 120f.
141 HG, S. 101
142 HG, S. 114f.; vgl. 2 Thess 3,10
143 HG, S. 102
144 HG, S. 115; vgl. auch S. 117
145 HG, S. 102; vgl. 1 Petr 2,11
146 HG, S. 116f.
147 HG, S. 125f.
148 HG, S. 101
149 HG, S. 110
150 HG, S. 101
151 HG, S. 106
152 Zit. nach: E. Benz, 1964, S. 167
153 HG, S. 105
154 HG, S. 104
155 HG, S. 123
156 HG, S. 106
157 HG, S. 106
158 B. Steidle (Hg.), [2]1975
159 Zu Dominikus und dem Predigerorden s. u. a.: V. J. Koudelka (Hg.), 1983; A. Hertz, H. N. Loose (Hg.), 1981
160 Die «franziskanische Frage», die das Verhältnis der ursprünglichen franziskanischen Ideen zur tatsächlichen Ordensentwicklung untersucht, steht bei vielen Einzelaspekten im Hintergrund, etwa bei der Einschätzung der Zuver-

lässigkeit der offiziellen und der kritischen Legenden, der Unterschiede der beiden schriftlichen Regelfassungen sowie der Entwicklung von der Bruderschaft zum Orden und schließlich dem Verhältnis des Ordensgründers zu seinem Werk. Dem Orden nahestehende katholische Forscher neigen dazu, Widersprüche zu verneinen, während protestantische und kritische katholische Wissenschaftler die Kluft betonen. Die vorliegende Darstellung sieht die grundlegende Spannung nicht nur zwischen Franziskus und dem Orden, sondern auch in der Person des Heiligen selbst

161 HG, S. 43

162 Spec 41, S. 79

163 Spec 1, S. 14

164 HG, S. 108

165 HG, S. 98

166 LegPer 101, zit. nach: HR, S. 180

167 HG, S. 12; P. Sabatier hielt dieses Schreiben für einen «frommen Betrug»

168 Zit. nach: A. Holl, 1980, S. 19

169 3Gef 59, S. 258

170 HG, S. 49 (Ermahnungen 3)

171 Spec 49, S. 88

172 HG, S. 36

173 HG, S. 28 (Brief an die Kleriker)

174 HG, S. 145

175 3Gef 69, S. 272f.

176 Die Heiligsprechungsbulle aus dem Jahr 1228 weiß nichts von den Stigmen. Das Schweigen der ersten Quellen über die Stigmen erklären die Legendensammlungen – ähnlich wie beim sogenannten Messiasgeheimnis Jesu – mit der Demut des Heiligen, der keinen Kult um seine Person wollte

177 1Cel 71, S. 144

178 Vorläufer finden sich auch bei Franziskus selbst, etwa in der «Aufforderung zum Lobe Gottes» (HG, S. 11)

179 HG, S. 140f.

180 HG, S. 141

181 Spec 122, S. 239

182 HG, S. 141

183 In seiner Zeit war die Abfassung eines «geistlichen Testaments» etwas Außergewöhnliches. Die alttestamentliche apokryphe Literatur, etwa das «Testament des Abraham», kannte Franziskus wohl nicht, sondern entwickelte seinen Text eher im Anschluß an die Abschiedsreden Jesu nach dem Johannesevangelium

184 HG, S. 153f.

185 HG, S. 145

186 HG, S. 146

187 HG, S. 138; diese Segensformel entspricht nahezu wörtlich dem aaronitischen Segen des Alten Testaments. Das in der Handschrift von Franziskus erhaltene Schriftstück für Bruder Leo mit dem Lobpreis Gottes auf der einen und dem Segen für Bruder Leo auf der anderen Seite entstand möglicherweise schon früher, in der Zeit nach der Stigmatisation

188 HG, S. 152f.

189 S. dazu: Ph. Ariès, 1980

190 S. Bibliographie, Abschn. 9+10
191 HG, S. 145
192 Zahlen ohne Konventualen und Kapuziner. Alle drei Kongregationen zusammengenommen vor der Französischen Revolution (Höchststand): ca. 123000 Mitglieder. Zur Erläuterung der verschiedenen Ordenszweige (Kongregationen) s. den weiteren Text dieses Kapitels
193 Rückgang aller drei Kongregationen auf ca. 23000 Mitglieder im Jahr 1880 (Franziskaner: ca. 14000)
194 Später gab es auch für diese Personen eine Lebensform im Kloster und mit Regeln, doch fand sie keine weite Verbreitung («Regulierte Tertiaren» bzw. «Tertiarinnen», T. O. R.)
195 I. Reimer, [2]1987
196 Etwa die asketischen «Barfüßer» (OFM Discalceatorum), deren radikalste Untergruppe, die auf Petrus von Alcántara (1499–1562) zurückgehenden Alcantarianer, fleischlos lebten, barfuß gingen und sich geißelten
197 Als weitere Gruppen etwa die Conceptionistinnen oder die Barfüßer-Einsiedlerinnen (Discalceatae)
198 Die katholische Zeitschrift «Die neue Bildpost» berichtete in ihrer Ausgabe vom 1. Mai 1994, daß der heiliggesprochene Kapuziner Joseph von Copertino (1603–1663) beim Beten stundenlang durch die Luft schwebte und 1963 zum Schutzpatron der Raumfahrer avancierte
199 P. Sabatier, 1935, S. 319
200 G. Wendelborn, 1977, S. 8
201 Bulle «Quo elongati» vom 28. 9. 1230
202 Die Dekretale «Exiit qui seminat» vom 14. 8. 1279
203 S. bes. die Konstitution «Exivi de Paradiso» von 1312, die neben der bullierten Regel und der päpstlichen Dekretale «Exiit» von 1279 Grundgesetz des Ordens blieb
204 Zit. nach: A. Holl, 1980, S. 113
205 Zit. nach: E. Benz, 1964, S. 243; Konstitution «Cum inter nonnullos» vom 12. 11. 1323
206 Auch die Bewegung der «Schwestern» bzw. «Brüder vom armen Leben», Beginen und Beg(h)arden, die sich dem Geist der Spiritualen angenähert hatten, wurde vom Papst verboten und verfolgt
207 S. dazu: Beschreibung einiger Dinge. Aztekische Glossen aus dem Codex florentinus sowie den Kommentar dazu von H. M. Enzensberger. In: Kursbuch 5, 1966, S. 1–9
208 Frankfurter Rundschau, 30. 6. 1992, S. 1
209 S. u. a. den Zyklus von Gotthard Graubner (geb. 1930) im Kunstmuseum Bonn (Die Vögel/Der Traum/Die Quelle/Der Sonnengesang)
210 Zit. nach: H. Hesse, 1988, S. 101
211 L. Rinser, 1978, S. 11, S. 13
212 Er folgte damit einem Vorschlag des amerikanischen Historikers Lynn White. S. dazu: L. White: Die historischen Ursachen unserer ökologischen Krise. In: M. Lochmann (Hg.): Gefährdete Zukunft – Prognosen angloamerikanischer Wissenschaftler. München 1970, S. 29
213 S. dazu: Die Friedensgebete von Assisi, 1987
214 M. E. Neumann, W. Schraffenberger (Hg.): Platte machen. Vom Leben und Sterben auf der Straße. Portraits. Stuttgart 1992, S. 36

Zeittafel

1100–1300	Ökonomische Revolution, Armuts- und Ketzerbewegungen
1096–1291	Zeit der Kreuzzüge; Kampf gegen den Islam
1152–1254	Zeit der Stauferherrschaft in Deutschland und Italien
1152–1190	Kaiser Friedrich I. (Barbarossa) (geb. 1122)
1173–1198	Assisi unter der Herrschaft der Staufer
1170–1221	Dominikus, Gründer des Dominikanerordens
1182 (1181)	Franziskus wird in Assisi geboren
1189–1192	Dritter Kreuzzug (Tod Kaiser Barbarossas)
1190–1197	Kaiser Heinrich VI. (geb. 1165)
1193/94	Geburt Claras in Assisi
1197/98	Aufstände gegen die Stauferherrschaft in Italien und soziale Revolutionen des frühen Bürgertums. Bürgerkrieg in Deutschland durch Doppelwahl Ottos IV. (1198–1218) und Philipps von Schwaben (1198–1208) zu deutschen Königen
1198–1200	Aufstand der Bürger von Assisi gegen den Adel. Ausrufung der Republik Assisi
1198–1216	Papst Innozenz III. (geb. um 1160); Glanzzeit des Papsttums. Assisi wird Teil des Kirchenstaats
1202–1204	Vierter Kreuzzug (Eroberung Konstantinopels)
1202–1209	Städtekrieg zwischen Assisi und Perugia. Franziskus nimmt am Städtekrieg teil
1202	Niederlage der Bürger Assisis bei Collestrada. Franziskus wird in Perugia inhaftiert
1203	«Friedenscharta»; Sieg des Adels über die Bürger von Assisi. Franziskus kehrt nach Assisi zurück
1204/05	Franziskus nimmt an einem Feldzug in Apulien teil und kehrt vorzeitig nach Assisi zurück
ca. 1205–1208	Lebenswende: Franziskus pflegt Aussätzige, hat in San Damiano eine Vision, sagt sich vom Vaterhaus los und hört am 24. Februar 1208 (1209) eine Predigt über die Armut
1208/09	Franziskus gründet eine Bruderschaft (Zentrum: Portiuncola). Er verfaßt eine erste (nicht erhaltene) Regel
1209–1229	Albigenserkreuzzüge: Vernichtung der Katharer
1209 (1210)	Franziskus reist nach Rom und hat eine Audienz beim Papst. Am 16. April bestätigt Innozenz III. die Regel mündlich
1210–1223	Umwandlung der Bruderschaft in einen Orden
1210	Neue «Friedenscharta» in Assisi; Sieg der Bürger über den Adel

1212–1250	Kaiser Friedrich II. (geb. 1194)
1212	Kinderkreuzzug. Am 18. bzw. 19. März kleidet Franziskus Clara ein. Gründung des weiblichen Ordenszweiges in San Damiano
1212/14	Franziskus bricht zwei Missionsreisen ab
1215	IV. Laterankonzil; Reformen in der Kirche
1216–1227	Papst Honorius III. (geb. um 1150)
1216	Anerkennung des Dominikanerordens.
1217	Wichtiges Pfingstkapitel bei der Portiuncola (Einteilung in Ordensprovinzen, Auslandsmission)
1217–1221	Kreuzzug gegen Damiette in Ägypten
1218–1238	Sultan al-Kamil, Neffe des Sultans Saladin
1219/20	Franziskus reist nach Ägypten und begegnet dem Sultan. Einnahme von Damiette durch die Kreuzfahrer
seit 1220	Päpstliche Eingriffe in den Orden; Unruhen im Orden
1220	Franziskus kehrt zurück und besucht Papst Honorius III. Einsetzung von Ugolino zum Kardinalprotektor des Ordens. Franziskus tritt von der Ordensleitung zurück
1220/21	Petrus Catanii erster Generalminister des Ordens
ab 1220	Franziskus äußert sich in Briefen und anderen Schriften, etwa im *Brief an Bruder Leo*, *Brief an einen Minister*, *Brief an den Orden*, *Brief an die Gläubigen* und *Brief an die Kleriker* oder im *Lobpreis Gottes*, dem *Offizium vom Leiden des Herrn* sowie im *Gruß an die selige Jungfrau Maria* und im *Gruß an die Tugenden*, schließlich in verschiedenen Gebeten, Lebensformen (Regeln) und Ermahnungen
1220	*Briefe an die Kustoden und an die Lenker der Völker*
1221–1227	Elias von Cortona Generalminister (Erste Amtszeit)
1221	Veröffentlichung der Nichtbullierten Regel (Mai)
1223	Bestätigung der Endgültigen (bullierten) Regel (November)
Ab 1223	Franziskus zieht sich zeitweise in die Einsamkeit zurück
1224	Franziskus empfängt im September die Wundmale Christi
1225	Der kranke Franziskus hält sich in Assisi auf und dichtet im Herbst den *Sonnengesang*
1225/26	Franziskus reist in Mittelitalien umher
1226	Todkrank kehrt Franziskus nach Assisi zurück und gibt in den Monaten vor dem Tod seinen letzten Willen kund: *Testament*; *Segen für Bruder Leo*; *Vermächtnis für Clara*. Franziskus stirbt am 3. Oktober in der Portiuncola
1226–1257	Streit um die Armut im Orden («Praktischer Armutsstreit»)
1226–1232	Erste Phase des Streits
1227–1232	Generalminister Joannes Parenti
1227–1241	Papst Gregor IX. (Ugolino da Segni, geb. um 1170)
1228	Papst Gregor IX. spricht Franziskus heilig
1228–1230	Bau der Gedächtnisbasilika in Assisi
1229	Erste Biographie über Franziskus (Erste Celano-Legende)
1230	Papst Gregor IX. erklärt das Testament des heiligen Franziskus für nicht verbindlich
1232–1239	Generalminister Elias von Cortona (2. Amtszeit). Durchsetzung der päpstlichen Interessen im Orden

1232	Päpstliche Inquisition; Ketzerverbrennung Reichsgesetz
1234	Heiligsprechung des Dominikus
1241–1257	Zweite Phase des praktischen Armutsstreits
ab 1241	Einfluß des Joachimismus; Entstehung der «Spiritualen»
um 1245	Streit um die richtige Biographie über Franziskus; Kritische Legendensammlungen; Zweite Celano-Legende
1253	Tod Claras
1257–1274	Generalminister Bonaventura; Ruhephase im Orden
1263	Milde Regel für Frauenklöster («Urbanistinnen»)
1266	«Großes» und «Kleines Franziskusleben» von Bonaventura verbindlich für den Orden; Verbot aller anderen Sammlungen
1275–1323	Zweiter Streit um die Armut («Theoretischer Armutsstreit»), Spiritualen unter Führung von Peter Johannes Olivi (1248/49–1298)
um 1300	Jüngere Franziskanerschule (Abgrenzung von Thomas von Aquin); Johannes Duns Scotus (um 1270–1308); Wilhelm von Ockham (1285–1349)
Anf. 14. Jh.	Legendensammlung der «Fioretti» («Blümlein»)
1309–1377	Papst-Exil in Avignon, Kampf des Papsttums um Machtposition
1314–1347	König Ludwig der Bayer (geb. um 1285)
1316–1334	Papst Johannes XXII.
1317–1323	Höhepunkt des Streits um die Armut zwischen Franziskanern und Papst mit dominikanischer Inquisition
1323	Päpstliches Dekret gegen radikale Armutsforderung
ab 1323	Verfolgung und Vernichtung der Spiritualen und weiterer Teile des Ordens; Dezimierung des Ordens; Radikale Fratizellen gehen in den Untergrund
1348	Große Pest
Ende 14. Jh.	Entstehung der Observanz; eine der «Säulen»: Bernhardin von Siena (1380–1444)
Anf. 15. Jh.	Strenge Reform von Frauenklöstern durch Coleta von Corbie (1381–1447) («Coletanerinnen»)
15. Jh.	Zwei Ordensfraktionen: Konventualen und Observanten
1517	Beginn der Reformation
1517	Ordensspaltung in zwei selbständige Kongregationen, in (braune) Franziskaner und (schwarze) Konventualen
1528	Entstehung der Kapuziner als dritter Kongregation
Anf. 20. Jh.	Entstehung des Friedensgebets, Franziskus zugeschrieben
1939	Papst ernennt Franziskus zum Schutzpatron Italiens
um 1968	Engagement von Franziskanern für die Armen Lateinamerikas
1980	Papst ernennt Franziskus zum Patron des Umweltschutzes
1986	Papst beruft Weltgebetstreffen für den Frieden nach Assisi

Zeugnisse

Dante Alighieri

Er war von seinem Ausgang noch nicht ferne,
Da ließ er schon von seiner großen Tugend
Die Erde einen guten Trost erfahren.
Denn er erklärte Fehde seinem Vater
Um eine Frau, der man, gleichwie dem Tode,
Das Tor der Freude nicht zu öffnen pflegte.
Die hat er dann an jenem geistlichen Hofe
Sich angetraut im Angesicht des Vaters
Und liebte täglich sie mit größrer Liebe.
Sie war ja ihres ersten Gattens ledig
Elfhundert Jahr und länger ganz verachtet
Und nie umworben worden bis auf diesen. [...]
Doch, um nicht allzu dunkel zu erscheinen,
Sollst du nunmehr Franziskus und die Armut
Als liebend Paar in meine Rede setzen.
Die Eintracht und die Freude, die sie zeigten,
Lieb und Verwunderung und süße Blicke,
Die wurden Grund zu heiligen Gedanken.

Die Göttliche Komödie (1307–1321).
Übers. von H. Gmelin. Stuttgart 1987, III. 11. 55–78, S. 308 f.

Ludwig Timotheus Spittler

Freund und Zeitgenosse des Dominicus war ein Italiaener Franz von Assisi, ein Mann, dem man alle Ehre anthut, wenn man glaubt, es habe ihm im Kopfe gefehlt. In der Jugend lebte er unordentlich, und da ihm einmal in einer Krankheit die Nähe des bevorstehenden Todes alle Schrecken der Zukunft zeigte, so verfiel er in eine moralische Schwärmerey, die sich nach damaliger Denkart durch völlige Verleugnung aller Bequemlichkeiten des Lebens äußerte, Proselyten suchte, und unter dem großen Haufen bald Proselyten fand. Auch diese Asceten wurden endlich 1223 mit Bewilligung des Pabst Honorius III. ein eigener Orden, der sich aus Demuth fratres minores [Minderbrüder] nannte [...].

Diese zwey Orden [Dominikaner und Franziskaner] haben sich in unglaublicher Schnelle ausgebreitet, und zum beschleunigteren Verderben des innern Zustandes der katholischen Kirche viel beytragen. [...]

Wollte von dieser Zeit an ein Pabst Unruhen in irgend einem Reiche anrichten, wer war ihm dazu geschickter als diese Bettelmönche?

Grundriß der Geschichte der christlichen Kirche. Göttingen [5]1812, S. 317 f.

Hermann Hesse

Von jenem Tage blieb Franziskus bis zu seinem Ende, in viel Leid und bitter schweren Zeiten, ein Seliger und Auserwählter, welchem Gottes Stimme aus jedem Halm und Bache erklang und über welchen Schmerz und Sünde keine Macht besaßen. Darum auch haben durch Jahrhunderte ihn Unzählige geliebt und hoch verehrt, sein Bildnis und die Geschichte seines Lebens sind viele tausendmal von Künstlern, Dichtern und Weisen dargestellt und erzählt und besungen und gemalt und gemeißelt worden, wie keines Fürsten und Mächtigen Bild und Taten, und sein Name und Ruf kam als ein Lebenslied und Gottestrost bis in unsere Zeit herüber, und alles, was er sprach und tat, klingt heute so kraftvoll neu wie zu seiner Zeit vor siebenhundert Jahren. Es hat andere Heilige gegeben, deren Seele nicht minder rein und edel war, aber man gedenkt ihrer nur wenig mehr, er aber war ein Kind und Dichter, ein Meister und Lehrer der Liebe, ein demütiger Freund und Bruder jeglicher Geschöpfe, und wenn die Menschen ihn vergäßen, so müßten Steine und Quellen, Blumen und Vögel von ihm reden. Denn als ein echter Dichter nahm er den Bann von allen diesen Dingen, welchen Sünde und Unverstand darüber gelegt, und tat sie neu in ihrer ursprünglichen reinen Schönheit vor unseren Augen auf.

Das Leben des heiligen Franziskus (1904).
In: H. Hesse: Franz von Assisi. Frankfurt a. M. 1988, S. 32f.

Rainer Maria Rilke

O wo ist der, der aus Besitz und Zeit
zu seiner großen Armut so erstarkte,
daß er die Kleider abtat auf dem Markte
und bar einherging vor des Bischofs Kleid.
Der Innigste und Liebendste von allen,
der kam und lebte wie ein junges Jahr;
der braune Bruder deiner Nachtigallen,
in dem ein Wundern und ein Wohlgefallen
und ein Entzücken an der Erde war.

Das Stunden-Buch (1905).
In: Sämtliche Werke. Bd. 1, Frankfurt a. M. 1955, S. 364

Romano Guardini

Es gibt eine Gestalt von einziger Art: Franziskus von Assisi, den Sohn des Bernardone.

Er ist ein Mensch von hinreißender Schönheit, Zartheit und Kraft der Seele. Er ist ein religiöses Genie von unbegreiflicher Größe. Er ist ein Heiliger im allerhöchsten Sinne des Wortes. Sobald wir aber sagen wollen, worin sein Besonderes besteht […], werden wir verlegen. Wir heben diesen oder jenen Zug heraus, etwa die Liebe, oder die Armut, und fühlen, daß damit nichts gesagt ist; dann wieder kommt es uns vor, als ob er nicht ein Heiliger unter andern, sondern der Heilige schlechthin sei – bis uns eines Tages klar wird, woher diese seltsame Verlegenheit kommt: Sein besonderes Charisma besteht darin, an Jesus zu erinnern.

Nachwort in: Der Bericht über das Leben des heiligen Franz von Assisi oder Der Spiegel der Vollkommenheit (1935). München 1981, S. 249f.
(Anfangsworte leicht geglättet)

Walter Nigg

Warum ist der Mann von Assisi der größte Heilige, den das Christentum hervorgebracht hat? Was ist es, das noch heute an ihm so stark bedrängt und einfach nicht mehr losläßt? [...] Man steht vor einem Phänomen, das sich kaum in Worte fassen läßt. Ein [...] Mensch, der nichts besaß, der nichts mehr sein eigen nannte, und der aller Lasten ledig war! [...] Der Poverello hatte die Fesseln gesprengt, mit welchen das Besitztum alle Menschen umklammert hält, und das Reich der herrlichen Freiheit erreicht. «In sich und außer sich war er frei von allem», berichten seine Gefährten. [...] Jegliche Lebensangst, welche die Menschen so oft terrorisiert, war von ihm abgefallen. Kein Stäubchen belastete ihn noch. Er hatte alles von sich geworfen und damit auch alles gewonnen. Armut war für ihn keine harte Bitternis, unter deren würgendem Griff er stöhnte, sondern ein überglückliches Dürfen, welches ihn aufjauchzen machte. Nie war ein Mensch freier und reicher als dieser Habenichts in dem Moment, da er ganz arm wurde. Deswegen zählt Franziskus [...] zu den größten Helden der religiösen Freiheit.

Grosse Heilige (1946). Zürich, München [10]1981, S. 33, S. 54 f.

Luise Rinser

[Die Berichte] schildern uns diesen Franz als einen «Feuergeist», einen sehr temperamentvollen, leidenschaftlichen jungen Mann, einen Dichter und Sänger, der als Sohn eines reichen Textilkaufmanns zuerst ein wilder Playboy war und dann ein draufgängerischer Offizier im Krieg, ein Liebhaber vieler Mädchen und «Parties». Aber eines Tages änderte er sein Leben radikal, kümmerte sich um Arme und Aussätzige, verließ sein reiches Elternhaus, ging ohne Geld ins Gebirge, führte das Leben eines Bettlers [...]. Andere junge Leute schlossen sich ihm an, um mit ihm ein Leben der Armut und Meditation zu führen, aber auch überall dort kostenlos arbeitend zu helfen, wo Not am Mann war. Sie schlossen sich zu kleinen Kommunitäten zusammen [...]. Aber es war kein Orden, Franz wollte keinen Orden gründen, er wollte keine Klöster, keinen Landbesitz, keine Sonderrechte und keine Statuten. [...] Der Scheiterhaufen hätte auch das Schicksal des Franziskus sein können, doch war er klug, und er hatte auch einige mächtige Beschützer in Rom. Man kann nicht sagen, daß Franziskus ein Rebell war und ein Feind der Kirche und der staatlichen Ordnung; aber er war [...] großartig unbequem in seiner Zeit [...].

Bruder Feuer. Frankfurt a. M. 1978, S. 9–11

Adolf Holl

Mit unserem historischen Erbe, diesem unendlichen Friedhof, verhält es sich so: Von manchen Gestalten aus dem imaginären Museum der Menschheitsgeschichte haben wir das Gefühl, sie stünden uns nahe, obwohl sie vor tausend Jahren gestorben sind. Andere wiederum scheinen uns fern, obwohl sie vor fünfzig Jahren noch recht frisch und munter waren [...]. Aus diesem eigenartigen Sachverhalt lassen sich zwei Lehren ziehen.

Erstens. Die Zahl der verstrichenen Jahre spielt bei der Auseinandersetzung mit unserer kollektiven Vergangenheit nicht immer und unbedingt eine wichtige Rolle.

Zweitens. Der Grund für unser Interesse an längst verstorbenen Gestalten unseres kulturellen Erbes liegt darin, daß deren Probleme, als unerledigte, noch immer in exemplarischer Weise die unseren sind.

Dies gilt, wie für Sokrates und Jesus, auch für Franz von Assisi. Franz gehört in jene lange Galerie bürgerlicher Menschen, denen in ihrer Haut nicht wohl war und die deshalb ihre eigene Klasse verraten haben.

Der letzte Christ. Stuttgart, Hamburg, München 1980, S. 356

Julien Green

Bereits in meiner Kindheit [...] hörte ich manchmal, wie sein Name mit jener Zärtlichkeit ausgesprochen wurde, die sich mit diesem Namen für immer verbindet. Vor allem meine Mutter, mochte sie auch noch so protestantisch sein, hegte eine solche Zuneigung zu ihm, daß ich glaubte, sie müsse ihn selber gekannt haben. Er war und bleibt immer der Mensch, der unsere traurigen theologischen Barrieren überwindet; denn er gehört der ganzen Welt wie die Liebe, die uns immer neu geschenkt wird. [...]

Ich wollte so berühmt werden wie Franz von Assisi und war in meinem religiösen Streben noch radikaler als er. «Ich will ein heiliger Franz von Assisi sein», erklärte ich [...] eines Tages. [...]

Doch das Leben sorgte dafür, daß dieses glückliche Vorhaben ins Wanken geriet, und Franziskus von Assisi rückte in die Ferne. [...]

Und mit einemmal war der Heilige von Assisi wieder da. Der Giotto im Louvre wirkte wie ein Anruf auf mich. Mehr oder weniger romanhafte Biographien ließen in mir jene vage Sehnsucht nach dem vollkommenen Leben erwachen, die mich in meiner ganzen Jugend und auch im reifen Alter nicht mehr loslassen sollte.

Bruder Franz. Freiburg, Basel, Wien 1984, S. 414–416

Bibliographie

1. Wissenschaftliche Hilfsmittel, Bibliographien

Bibliographia Franciscana. Als Anhang zu «Collectanea Franciscana» [s. Abschnitt 5], auch gesondert geliefert, Rom 1931 ff.
Borne, F. van den: Die Franziskus-Forschung in ihrer Entwicklung dargestellt. München 1917
Brown, R.: A Francis of Assisi Research Bibliography [Anhang in: O. Englebert: Saint Francis of Assisi. Chicago ²1965; fortgeführt (bis 1969) in: M. A. Habig (Hg.): St. Francis of Assisi. English Omnibus of the Sources for the Life of St. Francis. Chicago 1973]
Goetz, W.: Die Quellen zur Geschichte des hl. Franz von Assisi. Gotha 1904
Heit, A., Voltmer, E.: Bibliographie zur Geschichte des Mittelalters. München 1992
Herscher, I.: Franciscan Literature. A Checklist. St. Bonaventure/N. Y. 1958
Ooms, H. J., Frascadore, E.: Bibliografia delle bibliografie francescane. Florenz 1967

2. Gesamtausgaben der Werke des Franziskus

Der heilige Franziskus. Die ältesten Urkunden. Übersetzung von H. Lützeler, Einführung von A. Dempf. Kempen/Niederrhein 1949
Analekten zur Geschichte des Franciscus von Assisi. Hg. von H. Boehmer. Tübingen ³1961 [lat.]
Die Opuscula des hl. Franziskus von Assisi. Neue textkritische Edition. Hg. von K. Esser. Grottaferrata 1976 [lat.]
Opuscula sancti patris Francisci Assisiensis denuo edidit iuxta codices mss. Cajetanus Esser. Hg. von K. Esser. Bibliotheca Franciscana Ascetica Medii Aevi 12, Grottaferrata 1978
Franciscus Assisias/Francesco d'Assisi: Opuscula S. Francisci et scripta S. Clarae Assisiensium. Assisi 1978 [lat.-ital.]
Franz von Assisi. Die Werke. Sonnengesang, Ordensregeln, Testament, Briefe, Fioretti. Übersetzt von W. von den Steinen und M. Kirschstein. Zürich 1979
Die Schriften des heiligen Franziskus von Assisi. Hg. von L. Hardick und E. Grau. Franziskanische Quellenschriften Bd. 1, Werl/Westfalen ⁸1984
Die Schriften des heiligen Franziskus von Assisi. Hg. von L. Hardick und E. Grau. Franziskanische Quellenschriften Bd. 1, Werl/Westfalen ⁶1991 [Taschenbuch]

3. Legenden und andere Quellen über Franziskus

Speculum perfectionis seu S. Francisci Assisiensis Legenda antiquissima auctore fratre Leone. Hg. von P. Sabatier. Paris 1898

Blütenkranz des heiligen Franciscus von Assisi. Übersetzung von O. von Taube, Einführung von H. Thode. Jena, Leipzig 1905 [zahlreiche spätere Auflagen]

Die Blümlein des heiligen Franziskus von Assisi. Hg. von R. G. Binding. Leipzig 1919 [zahlreiche spätere Auflagen]

Die Fioretti oder Blümlein des heiligen Franziskus. Hg. von H. Schönhöffer. Freiburg i. Br. u. a. 1921

Spiegel der Vollkommenheit des heiligen Franziskus [Speculum perfectionis, dt.]. Hg. von H. Schönhöffer. Freiburg i. Br. u. a. 1922

Abate, G. (Hg.): Legenda trium sociorum. In: Miscellanea Francescana 39, 1939, S. 375–432

Thomas von Celano. Leben und Wunder des heiligen Franziskus von Assisi. Hg. von E. Grau. Franziskanische Quellenschriften Bd. 5, Werl / Westfalen 1955 [4., neubearb. Aufl. 1988]

Nach Deutschland und England. Die Chroniken der Minderbrüder Jordan von Giano und Thomas von Eccleston. Hg. von L. Hardick. Franziskanische Quellenschriften Bd. 6, Werl / Westfalen 1957

Der Bund des heiligen Franziskus mit der Herrin Armut. Hg. von K. Esser und E. Grau. Franziskanische Quellenschriften Bd. 9, Werl / Westfalen 1966

Scripta Leonis, Rufini et Angeli Sociorum S. Francisci. Oxford 1970 [lat.-engl.]

Die Dreigefährtenlegende des heiligen Franziskus. Einführung von S. Clasen, Übersetzung von E. Grau. Franziskanische Quellenschriften Bd. 8, Werl / Westfalen 1972

Fioretti. Franz von Assisi in der Legende seiner ersten Gefährten. Übersetzt von X. Schnieper. Luzern, Frankfurt a. M. 1972

St. Francis of Assisi. English Omnibus of the Sources for the Life of St. Francis. Hg. von M. A. Habig. Chicago 1973 [Hauptquellen in engl. Übersetzung]

Legenda Perusina. Hg. von M. Bigaroni. Portiuncula 1975

The Coming of the Friars. Hg. von R. B. Brooke. London 1975

Franziskus, Engel des sechsten Siegels. Sein Leben nach den Schriften des hl. Bonaventura. Hg. von S. Clasen. Franziskanische Quellenschriften Bd. 7, Werl / Westfalen ²1980

Der Bericht über das Leben des heiligen Franz von Assisi oder Der Spiegel der Vollkommenheit. Nachwort von R. Guardini. München 1981 [Nachdruck der zweiten Auflage von 1953]

Speculum perfectionis [minus]. Hg. von M. Bigaroni. Porziuncola 1983

Leben und Schriften der heiligen Klara. Hg. von E. Grau. Franziskanische Quellenschriften Bd. 2, Werl / Westfalen ⁶1988

Die Blümlein des Franz von Assisi. Übersetzt von R. Koch. München ²1988

Das Leben des hl. Franz von Assisi. Nach der Legenda Maior des Bonaventura. Illustriert mit den Miniaturen der Sibilla von Bondorf. Freiburg i. Br., Basel, Wien 1988

Die Dreigefährtenlegende des heiligen Franziskus von Assisi und Anonymus Perusinus. Einführung, Anmerkungen und Übersetzung von E. Grau und H. Betschart. Franziskanische Quellenschriften Bd. 8, Werl / Westfalen 1993

4. Auswahlausgaben und wichtige Einzelausgaben von Werken und Legenden

Helbich, P. (Hg.): Das Wagnis der Liebe. Texte zur Orientierung: Franz von Assisi. Gütersloh 1983
Hug, E., Rotzetter, A. (Hg.): Franz von Assisi. Olten, Freiburg i. Br. 1984
Sartory, Th. und G. (Hg.): Geliebte Armut. Texte vom und über den Poverello. Freiburg i. Br., Basel, Wien [11]1986
Karrer, O. (Hg.): Franz von Assisi. Legenden und Laude. Zürich [4]1990.
Barfuss-Franziskus von Assisi Lesebuch. Hg. von der Arbeitsgruppe INFAG-pädagogisch, unter Mitarbeit von A. Bays u. a. Werl/Westfalen 1992
Steggink, O., Kleyn-Altenburger, B.: Der Sonnengesang des heiligen Franz von Assisi. Freiburg i. Br. 1979
Der Sonnengesang des heiligen Franz von Assisi. Mit Meditationen von P. Brenni, dem italienischen Urtext, übersetzt von L. Signer, und Illustrationen von R. Wyß. Luzern, Stuttgart 1980
Platzeck, E. W.: Das Sonnenlied des heiligen Franziskus von Assisi. Werl/Westfalen 1984
Lehrs, M. (Hg.): Sonnengesang des Franz von Assisi. Nach der Übertragung von F. Brentano. Stuttgart [7]1984

5. Zeitschriften

Analecta Bollandiana. Brüssel 1882 ff.
Analecta Franciscana. Florenz 1885 ff.
Antonianum. Rom 1926 ff.
Archivum Franciscanum Historicum. Florenz 1908 ff.
Collectanea Franciscana. Assisi, dann Rom 1930 ff.
Franziskanische Studien. Münster, dann Werl/Westfalen 1914 ff.
Miscellanea Franciscana. Foligno, dann Rom 1886 ff.
Wissenschaft und Weisheit. Mönchengladbach, dann Düsseldorf 1934 ff.

6. Biographien

Bernhart, J.: Franz von Assisi. Leben und Werk. München [3]1956
Bolliger, M.: Euer Bruder Franz. Tatsachen und Geschichten aus dem Leben des Franz von Assisi. Freiburg i. Br., Basel, Wien 1987
Braunfels, W.: Artikel «Franciscus». In: Lexikon für Theologie und Kirche [LThK]. Bd. 4. Freiburg i. Br. [2]1960, Sp. 231–234
Doornik, N. G. M. van: Franz von Assisi. Prophet und Bruder unserer Zeit. Freiburg i. Br., Basel, Wien [3]1979
Englebert, O.: Das Leben des heiligen Franziskus. Speyer 1952
Fink, H.: Franz von Assisi. Der Mann, das Werk, die Zeit. München 1981
Fortini, A.: Nova Vita di San Francesco. 5 Bde. Assisi 1957
Frank, I. W.: Franz von Assisi. Frage auf eine Antwort. Düsseldorf 1982
Grundmann, H.: Artikel «Franziskus von Assisi». In: Die Religion in Geschichte und Gegenwart [RGG]. Bd. 2. Tübingen [3]1958, Sp. 1057 f.

Holl, A.: Der letzte Christ. Stuttgart, Hamburg, München 1980
Jörgensen, J.: Der heilige Franz von Assisi. München 1952
Manselli, R.: Franziskus. Der solidarische Bruder. Zürich, Einsiedeln, Köln 1984
Moorman, J. R. H.: Saint Francis of Assisi. London 1976
Nigg, W.: Grosse Heilige. Zürich, München ^{10}1981, S. 33–95
–: Vom Geheimnis der Mönche. Zürich 1990, S. 249–285
Omer, E.: Das Leben des heiligen Franziskus. Speyer 1952
Polidoro, G.: Franziskus – Christenmensch. Paderborn u. a. 1988
Sabatier, P.: Leben des Heiligen Franz von Assisi. Berlin 1895, Nachdruck Zürich 1935
–, Renner, F.: Leben des heiligen Franz von Assisi. Zürich 1919, Nachdruck 1979
Wendelborn, G.: Franziskus von Assisi. Eine historische Darstellung. Wien, Köln, Graz 1977

7. Einzeluntersuchungen

Andresen, C.: Asketische Forderung und Krankheit bei Franz von Assisi. In: Theologische Literaturzeitung 79, 1954, Sp. 129–140
Armstrong, E. A.: Saint Francis. Nature Mystic. Berkeley/Cal. 1976
Beyschlag, K.: Die Bergpredigt und Franz von Assisi. Gütersloh 1955
Boff, L.: Zärtlichkeit und Kraft. Franz von Assisi, mit den Augen der Armen gesehen. Düsseldorf 1983
–, Bühlmann, W.: Baue meine Kirche auf. Franziskanische Inspiration aus der Dritten Welt. Düsseldorf 1983
Brooke, R. B.: Scripta Leonis, Rufini et Angeli sociorum S. Francisci. Oxford 1970
Carretto, C.: Was Franziskus uns heute sagt. Freiburg i. Br. u. a. ^{10}1991
Clasen, S.: Legenda Antiqua S. Francisci. Untersuchung über die nachbonaventurianischen Franziskusquellen, Legenda Trium Sociorum, Speculum Perfectionis, Actus B. Francisci et sociorum eius und verwandtes Schrifttum. Leiden 1967
–: Theologisches Anliegen und historische Wirklichkeit in franziskanischen Heiligenlegenden. In: Wissenschaft und Weisheit 36, 1973, S. 1–44
Esser, K.: Das Testament des heiligen Franziskus von Assisi. Eine Untersuchung über seine Echtheit und seine Bedeutung. Münster 1949
–: Franziskus von Assisi und die Katharer seiner Zeit. In: Archivum Franciscanum Historicum 51, Florenz 1958, S. 225–264
–: Die «Regula pro eremitoriis data» des hl. Franziskus von Assisi. Werl/Westfalen 1962
–: Franziskus und die Seinen. Gesammelte Aufsätze. Werl/Westfalen 1963
–: Studien zu den Opuscula des hl. Franziskus von Assisi. Hg. von E. Kurten und I. de Villapadierna. Rom 1973
–: Textkritische Untersuchungen zur Regula non bullata der Minderbrüder. Grottaferrata 1974
Feld, H.: Franziskus von Assisi der zweite Christus. Mainz 1991
–: Die Eingeschlossene von San Damiano. Zur Biographie der Klara von Assisi. Radiosendung, SDR, 12. April 1993
Felder, H.: Die Ideale des heiligen Franziskus von Assisi. Paderborn 1951
Goez, W.: Franciscus von Assisi. In: Theologische Realenzyklopädie [TRE]. Bd. XI. Berlin, New York 1983, S. 299–307

Grau, E.: Der heilige Franziskus und die Soziale Frage. München 1984
–: Die heilige Klara von Assisi und ihre Schwestern. Werl/Westfalen [2]1992
Guardini, R.: Der heilige Franziskus. Zürich 1951
Hardick, L.: «Pecunia et denarii». Untersuchungen zum Geldverbot in den Regeln der Minderbrüder. In: Franziskanische Studien 40, 1958, S. 193–217, S. 313–328; 41, 1959, S. 268–290
–: Die Ermahnungen des heiligen Franziskus von Assisi. Werl/Westfalen 1981
Koper, R.: Das Weltverständnis des hl. Franziskus von Assisi. Eine Untersuchung über das «Exivi de saeculo». Werl/Westfalen 1959
Lehmann, L.: Die universale Dimension im Beten des Franziskus von Assisi. Eine Analyse seiner Gebete. Werl/Westfalen 1984
Lortz, J.: Der unvergleichliche Heilige. Gedanken um Franziskus von Assisi. Werl/Westfalen 1976
Mayer-Skumanz, L., Singer, E.: Franziskus und seine Gefährten. Innsbruck, Wien 1991
Merkt, J.: Die Wundmale des hl. Franziskus von Assisi. Leipzig, Berlin 1910
Mislin, H., Latour, S.: Franziskus. Der ökumenisch-ökologische Revolutionär. Ein Dialog von H. Mislin und S. Latour zum 800. Geburtstag des Franz von Assisi. Berg, Bodman 1982
Roggen, H.: Die Lebensform des hl. Franziskus von Assisi in ihrem Verhältnis zur feudalen und bürgerlichen Gesellschaft Italiens. In: Franziskanische Studien 46, 1964, S. 1–57, S. 287–321 [Mechelen 1965]
Rotzetter, A.: Franz von Assisi. Erinnerung und Leidenschaft. Freiburg i. Br., Basel, Wien 1989
–: Von Demut, Frieden und anderen Torheiten. Franziskanische Texte gedeutet für die Menschen unserer Zeit. Fribourg 1990
–, Hug, E. (Hg.): Franz von Assisi: Die Demut Gottes. Meditationen, Lieder, Gebete. Zürich [3]1980
–, Dijk, W.-Ch. von, Matura, Th.: Franz von Assisi. Ein Anfang – und was davon bleibt. Braunschweig [4]1993
Schulz, F.: Das sogenannte Franziskusgebet. Forschungen zur evangelischen Gebetsliteratur (III). In: Jahrbuch für Liturgik und Hymnologie 13, 1968, S. 39–53
Selge, K.-V.: Franz von Assisi und die römische Kurie. In: Zeitschrift für Theologie und Kirche 67, 1970, S. 129–161
Zarncke, L.: Der Anteil des Kardinals Ugolino an der Ausbildung der drei Orden des heiligen Franz. Leipzig, Berlin 1930
Zöllig, B.: Die Beziehungen des Kardinals Hugolino zum hl. Franziskus und seinem Ersten Orden. Fribourg, Münster 1934

8. Zeitgeschichte

Alberigo, G. (Hg.): Geschichte der Konzilien. Vom Nicaenum bis zum Vaticanum II. Düsseldorf 1993
Aus dem Alltag der mittelalterlichen Stadt. Handbuch zur Sonderausstellung. Hefte des Focke-Museums Nr. 62, Bremen 1982
Ariès, Ph.: Geschichte der Kindheit. München 1975
–: Geschichte des Todes. München 1980
Beck, H.-G., u. a.: Die mittelalterliche Kirche. Vom kirchlichen Hochmittelalter

bis zum Vorabend der Reformation. Handbuch der Kirchengeschichte. Bd. III/2. Freiburg i. Br. u. a. 1985
Bloch, M.: Die Feudalgesellschaft. Berlin 1982
Borst, A.: Lebensformen im Mittelalter. Frankfurt a. M., Berlin 1979
–: Die Katharer. Freiburg i. Br., Basel, Wien 1991
Bosl, K.: Armut Christi. Ideal der Mönche und Ketzer, Ideologie der aufsteigenden Gesellschaftsschichten vom 11. bis zum 13. Jahrhundert. In: Bayrische Akademie der Wissenschaften. Philosophisch-historische Klasse. Sitzungsberichte. München 1981
Clévenot, M.: Im Herzen des Mittelalters. Geschichte des Christentums im XII. und XIII. Jahrhundert. Luzern 1992
Dirks, W.: Die Antwort der Mönche. Frankfurt a. M. 1952
Duby, G.: Die drei Ordnungen. Das Weltbild des Feudalismus. Frankfurt a. M. 1986
–: Europa im Mittelalter. Stuttgart 1986
Eliade, M.: Geschichte der religiösen Ideen. Bd. III, 1. Freiburg i. Br. 1983
Elias, N.: Über den Prozeß der Zivilisation. Soziogenetische und psychogenetische Untersuchungen. 2 Bde. Frankfurt a. M. [10]1985
Ennen, E.: Die europäische Stadt des Mittelalters. Göttingen 1979
Erbstösser, M.: Ketzer im Mittelalter. Stuttgart, Berlin, Köln, Mainz 1984
Fink, H.: Ich bin der Herr der Welt. Friedrich II., der Staufer. Eine Biographie. München [2]1986
Fink, K. A.: Papsttum und Kirche im abendländischen Mittelalter. München 1994
Flood, D. (Hg.): Poverty in the Middle Ages. Werl/Westfalen 1975
Fumagalli, V.: Wenn der Himmel sich verdunkelt. Lebensgefühl im Mittelalter. Berlin 1988
–: Mensch und Umwelt im Mittelalter. Berlin 1992
Geremek, B.: Geschichte der Armut. Elend und Barmherzigkeit in Europa. München, Zürich 1988
Gimpel, J.: Die industrielle Revolution des Mittelalters. Zürich, München [2]1981
Goetz, H.-W.: Leben im Mittelalter – Vom 7. bis zum 13. Jahrhundert. München 1986
Greschat, M. (Hg.): Gestalten der Kirchengeschichte. Bd. 3 und 4: Mittelalter I und II, Stuttgart u. a. 1983
Grigulevič, J. R.: Ketzer, Hexen, Inquisitoren. Geschichte der Inquisition. Berlin (DDR) 1976
Grundmann, H.: Religiöse Bewegungen im Mittelalter. Nachdruck Darmstadt [4]1977
–: Ketzergeschichte des Mittelalters. Berlin 1970
Gurjewitsch, A. J.: Das Weltbild des mittelalterlichen Menschen. Dresden 1978
Gutschera, H., Majer, J., Thierfelder, J.: Geschichte der Kirchen. Ein ökumenisches Sachbuch mit Bildern. Mainz, Stuttgart 1992
Haller, J.: Das Papsttum. Idee und Wirklichkeit. Bd. III. Reinbek bei Hamburg 1965
Harnack, A. von: Das Mönchtum, seine Ideale und seine Geschichte. Gießen [7]1907
Hartmann, K.: Zwanzig Jahrhunderte Kirchengeschichte. Vom Anfang bis zur Gegenwart erzählt. Mit erläuternden Karten, Skizzen und Tabellen. Lahr 1992
Hertz, A., Loose, H. N. (Hg.): Dominikus und die Dominikaner. Freiburg i. Br., Basel, Wien 1981

Kautsky, K.: Vorläufer des neueren Sozialismus. 2 Bde. Berlin (DDR) 1976
Koudelka, V. J. (Hg.): Dominikus. Gotteserfahrung und Weg in die Welt. Olten, Freiburg i. Br. 1983
Lambert, M. D.: Ketzerei im Mittelalter. Häresien von Bogumil bis Hus. München 1981, Taschenbuchausgabe Freiburg i. Br. u. a. 1991
Le Goff, J.: Das Hochmittelalter. Fischer Weltgeschichte Bd. 11. Frankfurt a. M. 1965
–: Kultur des europäischen Mittelalters. München, Zürich 1970
–: Die Geburt des Fegefeuers. Stuttgart 1984
–: Wucherzins und Höllenqualen. Ökonomie und Religion im Mittelalter. Stuttgart 1988
–: Kaufleute und Bankiers im Mittelalter. Frankfurt a. M. 1989 (a)
– (Hg.): Der Mensch des Mittelalters. Frankfurt a. M., New York, Paris 1989 (b)
–: Die Intellektuellen im Mittelalter. München 1993
Lexikon des Mittelalters. München, Zürich 1980 ff.
Mayer, H. E.: Geschichte der Kreuzzüge. Stuttgart, Berlin, Köln, Mainz [4]1976
Mollat, M.: Die Armen im Mittelalter. München 1987
Ohler, N.: Reisen im Mittelalter. München [3]1993
–: Sterben und Tod im Mittelalter. München 1993
Pernoud, R. (Hg.): Die Kreuzzüge in Augenzeugenberichten. München [3]1975
Pitz, E. (Hg.): Lust an der Geschichte. Leben im Mittelalter. Ein Lesebuch. München, Zürich 1990
Power, E.: Als Adam grub und Eva spann, wo war da der Edelmann? Das Leben der Frau im Mittelalter. Berlin 1984
Runciman, St.: Geschichte der Kreuzzüge. 3 Bde. München 1957–1960
Schirmer, E.: Ordensfrauen und Beginen. Frauenbewegung im Mittelalter. In: Schlangenbrut 6, (August) 1984
Schultz, A.: Das höfische Leben in der Zeit der Minnesinger. Osnabrück 1965 [Neudruck der Ausgabe von 1889]
Seibt, F.: Glanz und Elend des Mittelalters. Eine endliche Geschichte. München 1992
Steidle, B. (Hg.): Die Benediktus-Regel [lat.-dt.]. Beuron [2]1975
Weinmann, U.: Mittelalterliche Frauenbewegungen. Ihre Beziehungen zur Orthodoxie und Häresie. Pfaffenweiler 1990
Werner, E.: Panperes Christi. Studien zu sozial-religiösen Bewegungen im Zeitalter des Reformpapsttums. Leipzig 1956

9. Ordens- und Wirkungsgeschichte

800 Jahre Franz von Assisi. Franziskanische Kunst und Kultur des Mittelalters (Ausstellungskatalog). Krems-Stein 1982
Benz, E.: Ecclesia spiritualis. Kirchenidee und Geschichtstheologie der franziskanischen Reformation. Stuttgart 1934 [Neudruck Stuttgart 1964]
Braunfels, W.: Abendländische Klosterbaukunst. Köln [3]1978
Burr, D.: The Persecution of Peter Olivi. Philadelphia 1976
Esser, K.: Der Orden des hl. Franziskus. Werl/Westfalen [2]1952
–: Ordo Fratrum Minorum. Über seine Anfänge und ursprünglichen Zielsetzungen. Werl/Westfalen 1960

–: Anfänge und ursprüngliche Zielsetzungen des Ordens der Minderbrüder. Leiden 1966
–, Grau, E.: Franziskanisches Leben. Gesammelte Dokumente. Werl/Westfalen 1968
Flood, D. E.: Die Regula non bullata der Minderbrüder. Werl/Westfalen 1967
Forster, W.: Artikel «Franziskanerinnen». In: Lexikon für Theologie und Kirche [LThK]. Bd. 4. Freiburg i. Br. ²1960, Sp. 280–285
Die Friedensgebete von Assisi. Einleitung von F. Kardinal König, Kommentar von H. Waldenfels. Freiburg i. Br., Basel, Wien 1987
Gemelli, A.: Das Franziskanertum. Leipzig 1936
Glaser, F.: Die franziskanische Bewegung. Ein Beitrag zur Geschichte sozialer Reformideen im Mittelalter. Stuttgart, Berlin 1903
Hardick, L.: Artikel «Franziskaner». In: Lexikon für Theologie und Kirche [LThK]. Bd. 4. Freiburg i. Br. ²1960, Sp. 273–280
Hofmeister, Ph.: Artikel «Franziskaner». In: Die Religion in Geschichte und Gegenwart [RGG]. Bd. 2. Tübingen ³1958, Sp. 1061–1063
Holzapfel, H.: Handbuch der Geschichte des Franziskanerordens. Freiburg i. Br. 1909
Hüschen, H.: Artikel «Franziskaner». In: Die Musik in Geschichte und Gegenwart. Allgemeine Enzyklopädie der Musik. Hg. von F. Blume. Bd. 4. Kassel, Basel 1955, Sp. 823–841
Kybal, V.: Die Ordensregeln des heiligen Franz von Assisi und die ursprüngliche Verfassung des Minoritenordens. Ein quellenkritischer Versuch. Leipzig, Berlin 1915, Nachdruck Hildesheim 1973
Lambert, M. D.: Franciscan Poverty. The Doctrine of the Absolute Poverty of Christ and the Apostles in the Franciscan Order 1210/1323. London 1961
Landini, L. C.: The Causes of the Clericalisation of the Order of Friars Minor 1209/1260 in the Light of Early Franciscan Sources. Chicago 1968
Lemmer, M. (Hg.): Das Leben der Heiligen Elisabeth. Von einem unbekannten Dichter aus dem Anfang des 14. Jahrhunderts. Berlin 1981
Moorman, J. R. H.: A History of the Franciscan Order from its Origins to the Year 1517. Oxford 1968
Nigg, W., Loose, H. N.: Antonius von Padua. Freiburg i. Br. 1981
Origo, I.: Der Heilige der Toscana. Leben und Zeit des Bernardino von Siena. München 1989
Reimer, I.: Verbindliches Leben in Bruderschaften, Kommunitäten, Lebensgemeinschaften. Stuttgart ²1987
Scandaletti, P.: Antonius von Padua. Volksheiliger und Kirchenlehrer. Graz, Wien, Köln 1983
Schlageter, J.: Artikel «Franziskaner». In: Theologische Realenzyklopädie [TRE]. Bd. XI. Berlin, New York 1983, S. 389–397
Spittler, L. T.: Grundriß der Geschichte der christlichen Kirche. Göttingen ⁵1812

10. Kunst, Literatur und Film

Battisti, E.: Giotto. Genf 1990
Boff, L., Porto, N.: Franz von Assisi. Die Sehnsucht nach dem Paradies. Düsseldorf 1987

Ciol, E.: Assisi. München 1992
Hertlein, E.: Die Basilika San Francesco in Assisi. Gestalt, Bedeutung, Herkunft. Florenz 1964
Jaksche, G.: Der Sonnengesang des Heiligen Franziskus. Meditationsweg. Illustrationen vom Verfasser. Michelstadt-Rehbach 1993
Kleiner, K. (Hg.): Miniaturen zu Franziskuslegenden (1457). Auswahl. Buchmalereien zum «Großen Franziskusleben» des hl. Bonaventura. Niederaula 1982
Krüger, K.: Der frühe Bildkult des Franziskus in Italien. Gestalt- und Funktionswandel des Tafelbildes im 13. und 14. Jahrhundert. Berlin 1992
Lehmann, L., Rettich, L. (Hg.): Sonnengesang des Heiligen Franziskus von Assisi. Bilder und Meditationen. Schöntal 1986
Nigg, W., Schneiders, T.: Der Mann aus Assisi. Franziskus und seine Welt. Freiburg i. Br., Basel, Wien [17]1989
Pampaloni, G.: Die Fresken von Giotto in Assisi. Herrsching 1989
Rotzetter, A.: Franz von Assisi. Eine Bildbiographie. Freiburg i. Br. u. a. 1993
–: Klara und Franziskus. Bilder einer Freundschaft. Illustrationen von G. Sieber. Fribourg 1993
Ruf, G.: Das Grab des heiligen Franziskus. Freiburg i. Br., Basel, Wien 1981
Schrade, H.: Franz von Assisi und Giotto. Köln 1964
Schwester Sonne – Bruder Mond. Der Sonnengesang des Franz von Assisi. Mit 9 Farbbildern nach Batiken auf Seide von I. Ehle. Freiburg i. Br. u. a. [2]1986
Thode, H.: Franz von Assisi und die Anfänge der Kunst der Renaissance in Italien. Berlin [2]1904

Berling, P.: Franziskus oder das zweite Memorandum. Aus den geheimen Aufzeichnungen des Guido II., Bischof von Assisi (1204–1228). Bergisch-Gladbach 1993
Dante Alighieri: Die Göttliche Komödie. Übersetzt von H. Gmelin. Stuttgart 1987
Eco, U.: Der Name der Rose. München [17]1993
Goudge, E.: Franz von Assisi. Freiburg i. Br. 1982
Green, J.: Bruder Franz. Freiburg i. Br., Basel, Wien 1984
Hegener, H.: Der Typus des Franz von Assisi in bildender Kunst und Literatur. In: Franziskanische Studien 2/3, 1978, S. 186–201
Hesse, H.: Franz von Assisi. Frankfurt a. M. 1988
Kazantzakis, N.: Mein Franz von Assisi. Roman. Hamburg 1956
Rinser, L.: Bruder Feuer. Frankfurt a. M. 1978
Stern, H.: Mann aus Apulien. Die privaten Papiere des italienischen Staufers Friedrich II. München 1986
Styra, A.: Franziskus von Assisi in der neueren deutschen Literatur. Breslau 1927
Timmermans, F.: Franziskus. Roman. Frankfurt a. M. 1983

Capaul, H., Suttner, W. (Regie): Francesco. BRD 1973
Curtiz, M. (Regie): Franz von Assisi (Francis of Assisi). USA 1960
Hasenberg, P., u. a.: Religion im Film. Lexikon mit Kurzkritiken und Stichworten zu 1200 Kinofilmen. Köln [2]1993
Zeffirelli, F. (Regie): Bruder Sonne, Schwester Mond (Brother Sun, Sister Moon/Fratello sole, sorella luna). Großbritannien/Italien 1971

Namenregister

Die kursiv gesetzten Zahlen bezeichnen die Abbildungen

Über den Autor

Veit-Jakobus Dieterich, geboren 1952 in der Klosterstadt Maulbronn, studierte Theologie, Chemie und Geschichte. Tätigkeit als Pfarrer und Religionslehrer. Arbeitet gegenwärtig als Dozent in Stuttgart.

Veröffentlichungen: Naturwissenschaftlich-technische Welt und Natur im Religionsunterricht Frankfurt a. M./Bern/New York/Paris 1990 (2 Bde.); Johann Amos Comenius. Reinbek bei Hamburg 1991 (rm 466). Zahlreiche Aufsätze in theologischen, religionspädagogischen und pädagogischen Fachzeitschriften.

Quellennachweis der Abbildungen

Photo Alinari, Florenz: 2, 8, 10, 16/17, 67, 75, 87, 124
Veit-Jakobus Dieterich: 6, 12, 35, 36, 84, 92, 121, 131
Aus: Das Leben des hl. Franz von Assisi. Nach der Legenda Maior des Bonaventura. Illustriert mit den Miniaturen der Klarissin Sibilla von Bondorf. Freiburg i. Br. 1988: 9 (British Museum, London)
Aus: Blüte des Mittelalters. Die Welt der Ritter und Mönche. Hg. von Joan Evans. München, Zürich 1966/1980: 22 (Archives Photographiques), 23 (Bibliothèque Nationale, Paris), 106 (MS Hunter 100, fol. 119r; Dean und Domkapitel der Kathedrale Durham)
Archiv für Kunst und Geschichte, Berlin: 25, 31, 44, 46, 57, 63, 70, 81, 93, 101, 105, 111, 126
Sächsische Landesbibliothek, Abt. Deutsche Fotothek, Dresden: 26, 99
Scala, Florenz: 28, 52/53, 110, 116
Aus: Peter Milger: Die Kreuzzüge. Krieg im Namen Gottes. München 1988: 34 (British Library, London)
Aus: Almut Bohnsack: Spinnen und Weben. Entwicklung von Technik und Arbeit im Textilgewerbe. Reinbek bei Hamburg 1981: 39 (Deutsches Museum, München)
Toni Schneiders, Lindau: 40, 58, 60, 72, 74, 95, 97, 114, 120
Aus: Henry Thode: Franz von Assisi und die Anfänge der Kunst der Renaissance in Italien. Wien 1934: 43
Aus: Leonardo Boff, Nelson Porto: Franz von Assisi. Die Sehnsucht nach dem Paradies. Düsseldorf 1987: 48
Photographie Giraudon, Paris: 50
Aus: Leonhard von Matt, Walter Hauser: Franz von Assisi. Würzburg 1952: 51
Aus: 800 Jahre Franz von Assisi. Franziskanische Kunst und Kultur des Mittelalters. Ausstellungskatalog. Krems-Stein 1982: 77
Éditions du Seuil, Paris: 86
Aus: Schwester Sonne – Bruder Mond. Der Sonnengesang des Franz von Assisi. Freiburg i. Br. u. a. ^{2}1986: 109
Photo Éditions Franciscaines: 115
Ullstein Bilderdienst, Berlin: 117
Bildarchiv der Österreichischen Nationalbibliothek, Wien: 118
Schiller-Nationalmuseum, Deutsches Literaturarchiv, Marbach a. N.: 129
Aus: Manfred E. Neumann, Willi Schraffenberger: Platte machen. Vom Leben und Sterben auf der Straße. Portraits. Stuttgart 1992: 132